Dr. med. Rüdiger Penthin

Warum ist mein Kind so aggressiv?

Für meine Familie Angelika, Sebastian, Judith und Gesa

Dr. med. Rüdiger Penthin

Warum ist mein Kind so aggressiv?

Ursachen erkennen – sicher reagieren
verständnisvoll handeln

Urania-Ravensburger

Zum Thema bereits erschienen:
Donna G. Corwin: Die Auszeit-Methode. ISBN 3-332-01096-4
Helga Gürtler: Regeln finden ohne Tränen. ISBN 3-332-00717-3
Cordula Neuhaus: Das hyperaktive Kind und seine Probleme. ISBN 3-332-00872-2
Cordula Neuhaus: Hyperaktive Jugendliche und ihre Probleme. ISBN 3-332-01088-3
Kimberley Barrett: Eltern sein ohne Streß. ISBN 3-332-00864-1
Gertrud Teusen: Das Trotzalter. ISBN 3-332-01029-8

Der Autor: Dr. med. Rüdiger Penthin, Vater von drei Kindern, Kinder- und Jugendarzt,
lebt in Schönberg/Holstein. Er ist seit Jahren Kinder therapeutisch in eigener Praxis
tätig und Mitbegründer der »Elternwerkstatt Probstei«, einer Institution, die Eltern-
schulungen und Elterntrainings durchführt.

Die Deutsche Bibliothek – CIP-Einheitsaufnahme
Ein Titeldatensatz für diese Publikation ist bei Der Deutschen Bibliothek
erhältlich.

www.dornier-verlage.de
www.urania-ravensburger.de

Umschlaggestaltung: Behrend & Buchholz, Hamburg
Titelfoto: Bavaria Bildagentur/Michael Bennett
Fotos: Gertie Burbeck, Mönchengladbach
Redaktion: Dr. Marianne Jabs
Satz: Typografik & Design
Druck: Westermann Druck Zwickau
Printed in Germany
Gedruckt auf auf alterungsbeständigem Papier mit chlorfrei gebleichtem Zellstoff.

ISBN 3-332-01197-9

05 04 03 02 01 5 4 3 2 1

Inhalt

Einleitung

Beispiele von Kinder- und Jugendgewalt

Gewalt im persönlichen Umfeld: Ein 14-jähriger Junge klingelt bei seiner Oma. Nachdem sie ihn eingelassen hat, wirft er sie zu Boden und versucht, sie zu ersticken. Zusammen mit einem Freund und seinem Onkel erdrosselt er die alte Frau schließlich mit einem Kabel und erbeutet einige Tausend Mark.
Gewalt in der Schule: Mitschüler zwingen einen stillen 13-Jährigen, Unkraut zu schlucken, Milch, die mit Waschpulver vermengt war, zu trinken, sie prügeln ihn und legen ihm einen Strick um den Hals, mit dem sie ihn wie ein Tier an der Leine herumführen.
Gewalt im öffentlichen Leben: Ein 16-Jähriger, der nachts in einen Einkaufsmarkt eingebrochen war, versteckt sich vor der heranrückenden Polizei im Hinterhalt und ersticht aus der Dunkelheit heraus einen Polizisten und einen Polizeihund.

Gewalt und Brutalität, die von Kindern ausgehen, gehen uns alle an.

Gewalttätigkeit nimmt zu

Die Zahl der straftatverdächtigen jungen Menschen nimmt in Deutschland zu. 1996 wurden bundesweit etwa 2 % der Kinder zwischen 8 und 13 Jahren als straftatverdächtig registriert, Ende der Achtzigerjahre waren nur 1 % der Kinder derartig aufgefallen. Bei den Jugendlichen zwischen 15 und 17 Jahren wurden 1996 fast 7 % dieser Altersgruppe als Straftatverdächtige registriert, 10 Jahre vorher jedoch nur 3,5 %. Ähnlich verhielt sich die Situation bei den Heranwachsenden von 18–20 Jahren. Bundesweit gesehen kam es zwischen Mitte der Achtzigerjahre und 1996 offenbar zu einer Verdopplung der Zahl der straftatverdächtigen Kinder, Jugendlichen und Heranwachsenden (aus *Der Spiegel* 15/98).

Ist die Statistik verlässlich?

Es ist jedoch zu beachten, dass auch die Daten der polizeilichen Kriminalstatistik mit Vorbehalt zu interpretieren sind. Die Zahl der Straftatverdächtigen, die darin erfasst wird, hängt von den Aufklärungsbemühungen seitens der Polizei, der Bevölkerung, der Geschäfte und öffentlichen Einrichtungen ab. Dadurch, dass z. B. Warenhäuser vermehrt Detektive und elektronische Diebstahlsicherungen einsetzen, werden auch vermehrt Warenhausdiebstähle registriert. Andererseits hängt die Zahl der Straftatverdächtigen auch von der Anzeigebereitschaft der Bevölkerung ab. Außerdem werden in der polizeilichen Kriminalstatistik Tatverdächtige registriert und nicht rechtskräftig vom Gericht für schuldig befundene Täter. Bezogen auf verschiedene Deliktarten zeigt die Kriminalstatistik – hier für das Jahr 1997 – selbst für ein eher ländlich strukturiertes Bundesland wie Schleswig-Holstein folgendes Bild.

Diebstahl

1997 wurden 0,6 % mehr Tatverdächtige unter 21 Jahren registriert als 1996. Etwa 30 % der Tatverdächtigen waren weiblich, 70 % männlich. Bei den unter 14-jährigen wurden 1997 jedoch 8,6 % mehr Tatverdächtige erfasst als 1996.

Raub

Bei den unter 21-jährigen kam es 1997 im Vergleich zu 1996 zu einem Anstieg von 27,8 %. Nur etwa 6 % der Tatverdächtigen waren weiblichen Geschlechts. Der Anstieg der Tatverdächtigen-Zahlen ging vor allem auf das Konto der 14–20-Jährigen.

Gefährliche und schwere Körperverletzung

Von 1996 zu 1997 wurde bei den unter 21-Jährigen ein Anstieg der Absolutzahl der Tatverdächtigen um 20,8 % verzeichnet, 12 % der Tatverdächtigen waren weiblich. Bei den unter 14-Jährigen kam es von 1996 zu 1997 zu einem Anstieg um 67 %.

Täter und Opfer

In den Klassenstufen 2–9 wurde in Norwegen durch Schülerbefragung die Zahl der gewalttätigen Schüler und Schülerinnen ermittelt (s. S. 143, *Literatur*, Olweus 1996). Schon in der Klassenstufe 2 wurden fast 10 % der Jungen und etwa 5 % der Mädchen als gewalttätig identifiziert. In der Klassenstufe 9 waren es fast 13 % der Jungen und nur noch 2 % der Mädchen, die als gewalttätig eingestuft wurden. Auf der Seite der Gewaltopfer zeigte sich, dass im Wesentlichen Kinder aus den jüngeren Klassenstufen betroffen waren. Eine Schulleiterbefragung in Deutschland ergab, dass Vandalismus und Diebstahl an allen Schulformen zu beobachten sind. Körperliche Gewalt wird jedoch an Gymnasien deutlich seltener beobachtet als an Real-, Haupt-, oder Förderschulen (siehe S. 143, *Literatur*, Petermann 1997). Schon in den Achtzigerjahren ergaben repräsentative Befragungen von Jugendlichen, dass mehr als 75 % von ihnen schon strafbare Delikte begangen hatten. Wenngleich somit Gesetzesübertretungen bei vielen Jugendlichen scheinbar zum Prozess des Erwachsenwerdens dazugehören und obwohl sich die Neigung zu Gesetzesübertretungen bei den meisten Jugendlichen wieder verliert, sollten diese Delikte nicht gebilligt werden, da auf der anderen Seite immer Geschädigte und Opfer stehen.

Wer schlägt zu, wer wird geschlagen?

9

Eltern sind keine Engel.

Ein Buch für Eltern und Erzieher

Für Sie als Eltern und für alle Erziehenden ist dieses Buch geschrieben. Es soll Ihnen helfen, solche problematischen Entwicklungen besser zu verstehen und Ihren Teil an elterlicher und erzieherischer Verantwortlichkeit für solche Entwicklungen zu erkennen. Eltern und alle, denen Kinder etwas bedeuten, müssen sich ihrer Verantwortung stellen.

Vielleicht kann dieses Buch auch dazu ermutigen, etwas dafür zu tun, bei den eigenen Kindern solche Entwicklungen zu verhindern. Fehler im Umgang mit Kindern machen wir alle, immer mal wieder. Dadurch nehmen Kinder keinen Schaden, solange sie sich, so wie sie sind, geliebt, angenommen und geachtet fühlen. Schaden nehmen Kinder aber dann, wenn elterliches Fehlverhalten immerwährend auf sie einwirkt, wenn sie in einer dauerhaften Atmosphäre der Spannung, der Angst oder des »Nicht-beachtet-Werdens« aufwachsen. Das Buch soll dazu beitragen, Ihren Blick für solche Fehlentwicklungen zu schärfen, und Sie ermutigen, sich lieber früher als zu spät beratende Hilfe oder therapeutische Begleitung zu holen.

Was ist Aggression?

Aggression bedeutet so viel wie heranschreiten, etwas unternehmen, angreifen. Es ist also nichts grundsätzlich Negatives. Heutzutage versteht man aber unter Aggression Verhalten, welches darauf ausgerichtet ist, jemanden zu schädigen.

Die Worte Gewalt und Aggression werden heutzutage oft sinngleich gebraucht.

Es gibt verschiedene Ausdrucksformen von Aggression. Wir unterscheiden zum einen impulsive Aggression, das heißt unkontrollierte, rücksichtslose, mit Ärger und Wut oder Angst verbundene Gewalttätigkeit. Die Betreffenden sind erregt, haben einen hohen Blutdruck und eine hohe Herzfrequenz. Dem gegenüber steht die instrumentelle Aggression, die geplant ist, auf ein bestimmtes Ziel orientiert wird und auf den ersten Blick manchmal kaum zu erkennen ist. Die eben geschilderten vegetativen Erregungszeichen fehlen. Oft ist diese Art von Aggression mit kriminellem Verhalten verbunden.

Jungen bevorzugen im Wesentlichen die offenen, körperlichen und direkt nach außen gerichteten Aggressionsformen, das, was allgemein als Gewalt bezeichnet wird.

Mädchen bevorzugen eher die verdeckten, verbal ausgerichteten, indirekten Aggressionsformen (z. B. Verbreiten von Gerüchten, Aufhetzen gegen andere). Aber auch die Aggressionen, die gegen sich selbst gerichtet sind, z. B. Essstörungen, selbstverletzende Handlungen und so weiter, treten bevorzugt bei Mädchen auf.

Was Hänschen nicht lernt ...

Kinder mit aggressiven und kriminellen Verhaltensauffälligkeiten behalten dieses Verhalten in ihrem weiteren Leben oft bei, auch noch im Erwachsenenalter. Zwei Drittel der jungen Erwachsenen mit kriminellem und dissozialem Verhalten waren schon als 13-Jährige psychiatrisch auffällig (Schmidt 1998). Somit entwickelt sich die Störung des Verhaltens und Erlebens bei den meisten kriminellen Erwachsenen schon in der Kindheit, vor Eintritt der Pubertät. Daher beschäftigt sich dieses Buch gerade mit diesem Lebensabschnitt (bis zum Ende der Grundschulzeit), weil in dieser Zeit nicht nur die meisten gewalttätigen Verhaltensstörungen entstehen, sondern folgerichtig auch verhindert werden können.

Den Entwicklungsprozess hin zur Gewalttätigkeit und Kriminalität bei Kindern möchte ich in Form zweier beispielhafter Lebensgeschichten eines Mädchens und eines Jungen beschreiben. Die Namen in dieser Geschichte sind frei erfunden.

Der Fall Melanie

Melanie wurde zwei Monate zu früh geboren. Anfangs musste sie in einer Kinderklinik liegen, sie brauchte Atemhilfe auf einer Intensivstation, da sie noch sehr schwach war. Sie wog bei ihrer Geburt nur 1600 g.

Der schwere Start ins Leben.

Die Bedürfnisse der Mutter

Melanies Mutter war bei ihrer Geburt 17, Melanies Vater 21 Jahre alt. Mutter und Vater lernten sich etwa ein Jahr vor Melanies Geburt kennen, in einer Disco, die Melanies Mutter schon seit drei oder vier Jahren regelmäßig besuchte. Und dann war Melanies Mutter Heike plötzlich schwanger. Eigentlich hatte sich Heike bei Maik, so hieß Melanies Vater, die Geborgenheit gewünscht, die sie von ihren eigenen Eltern nie erhalten hatte. Aber Heikes Sehnsucht nach Wärme und Nähe wurde bei Maik nicht erfüllt. Nun war sie ungewollt schwanger. Was sollte sie nur mit so einem kleinen Baby anfangen? Sie war doch selbst noch ein bedürftiges Kind. Maik reagierte auf diese Nachricht ärgerlich. So hatte sie ihn noch nie erlebt, als ob alles ihre Schuld wäre. Diese Zornesausbrüche erschreckten und verunsicherten sie sehr. Sie konnte mit ihm über wirklich wichtige Dinge nie richtig reden. Von ihrer Angst vor der Schule, die sie als Hauptschülerin in der 9. Klasse immer noch nicht abgeschlossen hatte, wollte er nichts wissen. Und ihre Sorgen und Nöte mit ihren Eltern interessierten ihn auch nicht.

Die Ansprüche des Vaters

Maik hatte den Hauptschulabschluss absolviert, eine Ausbildung hatte er jedoch nicht. Eine Arbeitsstelle ebenfalls nicht, er kümmerte sich aber auch nicht darum. Er wohnte zu Hause bei seiner Mutter. Seine Mutter hatte es sehr schwer, sie jobbte in verschiedenen Stellen, ging putzen und trug Zeitungen aus. Das Geld reichte weder vorne noch hinten, aber sie schaffte es nicht, ihren Sohn dazu zu bringen, seinen Teil zum gemeinsamen Lebensunterhalt beizutragen. Immer hatte sie alles für ihn getan. Aber er war sehr fordernd und mit der Zeit nicht so leicht zufrieden zu stellen. In der Schule wollte er immer die gleichen »Edelklamotten« haben wie die anderen. Und sie, seine Mutter, versuchte, ihm das zu ermöglichen. Er sollte es besser haben als sie. Sie fühlte sich als Kind von den eigenen Eltern ganz schön ausgebeutet. Sie bekam nie Taschengeld, sie musste schon als Siebenjährige ständig die Wohnung in Ordnung halten, putzen, den Abwasch machen und oft sogar fürs Essen sorgen. Wenn sie mittags aus der Schule kam, lag ihre Mutter schon wieder angetrunken im Bett, und wo Vater war, das wusste sie oft gar nicht.

Konsum kompensiert das mangelnde Selbstwertgefühl.

Und nun war Maik schon 21 Jahre alt, hatte keine Ausbildung, keine Arbeit, und sie grübelte, ob sie nicht vielleicht doch etwas falsch gemacht hatte. Als Maik elf Jahre alt war, stand eines Abends das erste Mal ein freundlicher Polizist vor der Tür und eröffnete ihr, dass Maik einen Zigarettenautomaten aufgebrochen habe. Das war der Anfang von Maiks krimineller Schiene. Immer wieder brach er ein. Er brauchte immer Geld, um sich die teuren Klamotten zu leisten, in denen er sich so cool fühlte. Außerdem begann er schon früh zu rauchen, was ebenfalls viel Geld kostete. Das, was sie als seine Mutter redlich verdiente, reichte nicht aus, ein normales Leben zu führen und zusätzlich Maiks finanzielle Unersättlichkeit zu befriedigen.

Maiks Mutter wusste nicht genau, was er wirklich alles »verbrochen« hatte. Sie musste arbeiten und war oft außer Haus. Somit bekam sie wenig von dem mit, was er nachmittags alles machte. Auch über seine Freunde wusste sie wenig. Er sprach nicht mit ihr darüber, und sie traute sich nicht, genau zu fragen, da er dann oft genervt und ungehalten reagierte. Sie hatte sich für ihren Umgang mit Maik oft Hilfe gewünscht. Aber Maiks Vater hatte sie schon verlassen, als Maik noch ein Baby war. Sie traute sich nicht, Hilfe beim Jugendamt einzufordern. Das war ihr unangenehm. Das Amt schaltete sich erst ein, als Polizei und Gericht mit im Spiel waren.

Mangelnde elterliche Kontrolle, vor allem bei allein erziehenden Elternteilen, fördert kriminelle Entwicklungen.

Eltern, die selbst noch Kinder sind

Heike und Maik zogen auf Drängen von Heikes Eltern in die elterliche Wohnung. Es war sehr eng, sie lebten von Sozialhilfe. In dieser Enge spürte Heike, dass oft Nervosität und Aggressivität in der Luft lagen. Maik und ihr Vater hätten sich einmal sogar beinahe geprügelt. Warum es dazu kam, wusste sie nicht genau. Aber die beiden waren auch nicht mehr nüchtern. Die ängstigende aggressive Atmosphäre und die Enge machten sie nur noch nervöser. Sie rauchte ziemlich viel, obwohl sie wusste, dass das für ihr Baby schlecht war. Aber sie versuchte, mit allen Mitteln ruhig zu bleiben und ihren Vater nicht zu verärgern und dann Gefahr zu laufen, hochschwanger mit einem Freund, der ihr im Grunde genommen keine Stütze war, vor die Tür gesetzt zu werden.

Beengte Wohnverhältnisse fördern Druck und Aggressivität.

Plötzlich kamen die Wehen, sie verlor ihr Fruchtwasser und musste mit dem Krankenwagen in die Klinik gebracht werden. Und dann war Melanie auch schon da. Aber dieses kleine, zerbrechliche, unreife Wesen löste in ihr keine Freude aus. Sie war enttäuscht und deprimiert. Melanie war kein einfaches Baby. Sie schrie viel, spuckte oft ihre Nahrung aus und war nur schwer zufrieden zu stellen. Heike war oft nervlich sehr

Heikes Lebensgeschichte ist so belastet, dass sie ihrem Baby keine Liebe entgegenbringen kann.

angespannt. Diesem schreienden, kleinen Bündel konnte sie keine warmen, liebevollen, mütterlichen Gefühle entgegenbringen, gerade wo sie doch selbst so bedürftig nach Geborgenheit und Wärme war. Und nun sollte sie ihrem Baby etwas geben, was sie selbst nicht hatte. Natürlich fütterte sie Melanie, wenn sie Hunger hatte, sie säuberte sie, so oft es notwendig war. Äußerlich sollte es ihr an nichts mangeln. Aber wenn das Baby dann trotzdem schrie und unglücklich war, fühlte sich Heike hilflos und unfähig. Alles zog sich in ihr zusammen, sie spürte, wie die Wut in ihr hochstieg, die Wut auf diesen kleinen schreienden Eindringling in ihr Leben. Immer wieder kam es bei ihr selbst zu Explosionen ihrer Wut, sie schrie ihr Baby an, brüllte wie von Sinnen und hätte es am liebsten gegen die nächste Wand geschlagen. Maik war ihr keine Hilfe. Er war oft nicht zu Hause, ohne dass Heike wusste, was er machte und wo er war. Wenn er plötzlich und unverhofft nach Hause kam, war er meistens schlecht gelaunt und reagierte auf Melanies Schreien noch viel heftiger als Heike. Mehr als einmal schlug er das Baby und drohte auch Heike mit Gewalt.

Schon im ersten Lebensjahr erfährt Melanie Gewalt und das Gefühl, nicht geliebt zu sein. Sie kann kein Vertrauen zu ihren Bezugspersonen entwickeln. Da ihr von ihren Eltern nie gezeigt wird, dass sie liebenswert und ein tolles Baby ist, kann sich auch kein grundlegend stabiles Selbstwertgefühl entwickeln (s. Psychosoziale Risikofaktoren, S. 35–60).

16

Ein Kind, dessen Sprache nicht verstanden wird

Melanie machte erst, als sie etwa ein Jahr alt war, die ersten Versuche, sich krabbelnd fortzubewegen. Die ersten freien Schritte machte sie dann mit 18 Monaten. Melanie selbst war mit dieser Situation merklich unzufrieden. Schon als sie acht oder neun Monate alt war, erwachte ihr Bedürfnis, ihre häusliche Lebensumwelt zu erkunden. Wie gerne wäre sie zum nahestehenden Tisch gekrabbelt oder hätte den in zwei Meter Entfernung liegenden bunten Ball in ihren Händen gehalten. Sie verzweifelte schier an der Unmöglichkeit, diese Dinge zu erreichen und schrie viel vor Zorn und Hilflosigkeit.

Heike kannte Melanies Bedürfnisse nicht, sie hatte ja nie gelernt, auf Babybedürfnisse zu achten. Andererseits machte es ihr die bestehende innere Mauer zwischen ihr und ihrem Baby sowieso sehr schwer, sich auf Melanie einzulassen. Heike verstand nicht, dass Melanies Jammern einer gut verständlichen Unzufriedenheit und Hilflosigkeit entsprang. Melanie wollte mehr, als sie konnte, und das machte sie natürlich unzufrieden. Statt dessen empfand Heike Melanie als »böse« und »nervtötend«.

Wie kann Melanie auf sich aufmerksam machen?

Wenn Melanie schrie, wurde sie in ihr Bett gesteckt, und die Tür zum Zimmer wurde verschlossen. Denn Heike konnte Melanies Geschrei nicht ertragen. In ihrer Verzweiflung schrie Melanie immer lauter und intensiver, manchmal auch über Stunden, sie wollte einfach nicht aufgeben. Meistens war es dann Heikes Mutter, die das herzzerreißende Geschrei nicht mehr ertragen konnte und Melanie befreite.

Jedoch auch die Oma war nicht begeistert von Melanies Geschrei. Sie setzte sie dann meist in den »Wipper«, gab ihr ein paar Spielsachen und war froh, wenn Melanie endlich still war.

Melanie lernte schon sehr früh Gefühle wie Hilflosigkeit und Verzweiflung und Wut über ihr Allein-gelassen-Sein kennen. Sie spürte aber auch, dass ihr lautstarker Protest immer zum Ziel führte, doch hochgenommen zu werden, um einen kurzen zwischenmenschlichen Kontakt, und sei es zur Oma, zu erleben. Wenn dieser Kontakt meist auch nicht sehr liebevoll getönt war, so merkte sie doch, dass ihr irgendeine Art von Aufmerksamkeit geschenkt wurde, sie musste nur ausdauernd genug schreien. Sie spürte jedoch auch, dass dieser zwischenmenschliche Kontakt sehr rasch abbrach, wenn sie ruhig in ihrem »Wipper« spielte.

Sie lernte somit, dass ruhiges, friedliches Spielen immer wieder mit Kontaktabbruch bestraft wurde (Oma und Mutter waren froh, endlich ihre Ruhe zu haben, und zogen sich von Melanie zurück). Somit hatte sich eine verhängnisvolle Lernerfahrung bei Melanie festgesetzt, nämlich die Erfahrung, vor allem durch »schwieriges«, lautstarkes und aggressives Verhalten Aufmerksamkeit zu bekommen. Dabei spielt es keine Rolle, dass diese Aufmerksamkeit negativ getönt war (genervter, nicht einfühlsamer Umgang mit dem Baby). Wir Menschen sind von Natur aus Lebewesen, die Beachtung und Aufmerksamkeit benötigen. Daher ist es vielen Kindern lieber, negative Aufmerksamkeit zu erhalten als gar keine Aufmerksamkeit (s. Psychosoziale Risikofaktoren, S. 41 ff.). Mit dieser Erfahrung im Familienumfeld ist die erste Stufe der Entstehung eines gestörten Sozialverhaltens eingeleitet.

Melanies Erfahrung: Nett sein lohnt sich nicht.

Nur Stören wird beachtet

»Lernen am Modell«.

Mit zunehmender Bewegungsmöglichkeit (Krabbeln, Laufen) versuchte Melanie, ihre Umgebung in ganz natürlicher Weise zu erkunden. Einmal hielt sie sich an der Tischdecke fest und zog diese mitsamt Gläsern und Tassen vom Tisch. Nicht nur bei dieser Ungeschicklichkeit, sondern auch bei anderen »zerstörerischen Erkundungen« ihrer Umwelt reagiert Heike immer wieder sehr aggressiv. Sie schrie Melanie an und schlug ihr mehrfach auf die Hände und ins Gesicht. Da Melanie, wenn sie sich ruhig und freundlich verhielt, jedoch nie die Aufmerksamkeit erhielt, die sie brauchte, lernte sie sehr schnell, sich durch zerstörerisches Verhalten in den Mittelpunkt der Aufmerksamkeit ihrer Eltern zu rücken. Außerdem erfuhr sie von klein auf, dass laute Sprache, unfreundliche Worte und ruppiger Körperkontakt scheinbar die »normale« Art seien, wie Menschen miteinander umzugehen pflegen.

Auf Entzug von Aufmerksamkeit reagiert Melanie mit Verstärkung ihres »schwierigen Verhaltens«.

Melanies »schwieriges Verhalten« blieb bestehen. Ständig erntete sie von ihren Eltern heftiges Gebrüll und Schläge. Trotzdem war Melanie nicht in der Lage, ihr Verhalten zu ändern. Die Reaktionen ihrer Eltern waren für sie keine unangenehme Strafe, sondern »Zuwendung«. Außerdem war es ihr nicht möglich, ihrem Alter entsprechend rasch eine normale Geschicklichkeit zu erlernen, die ihr geholfen hätte, behutsamer mit den interessanten Dingen ihres Wohnumfeldes umzugehen. Denn aufgrund der frühen Geburt hatte ihr junges Nervensystem Sauerstoffmangel und andere Stressfaktoren erleiden müssen, alles Dinge, die sie dauerhaft beeinträchtigten. Daher war sie in der Bewegungsentwicklung, der Sprachentwicklung und im Lernvermögen beeinträchtigt. Ihre Eltern schienen diese Zusammenhänge jedoch nicht zu verstehen. Das aggressive elterliche Verhalten gegenüber Melanie wurde im Laufe der Zeit seltener. Die Eltern waren frustriert, dass »nichts half«. Also ließen sie Melanie einfach machen.

Prüfstein Trotzphase

Auch bei Melanie kam es jetzt immer wieder zu dem durchdringenden Bedürfnis, sich durchzusetzen. Die wenigen »trotzigen« Zornesausbrüche, die auftraten, waren jeweils sehr beeindruckend. Einmal kam es zu einer Szene im Supermarkt, als Melanie unbedingt die bunten Bonbons an der Kasse haben wollte. Sie griff mit beiden Händen in den Bonbontopf, und als Heike die Bonbons wieder zurücklegen wollte, begann Melanie zu schreien, warf sich auf den Boden, kreischte und wälzte sich. Heike war diese Situation äußerst peinlich, schnell gab sie Melanie die Bonbons zurück, das Geschrei verstummte sofort. Heike vermied in Zukunft solche Auseinandersetzungen. Melanie erhielt fast alles, was sie haben wollte. Zu »Trotzanfällen« kam es nur selten, da Heike keine Regeln aufstellte und keine Grenzen setzte. Melanie bekam alle möglichen Süßigkeiten und Spielsachen, nur damit sich Heike in ihrer Überforderung und Bequemlichkeit nicht diesen Auseinandersetzungen stellen musste. Melanie bekam jedoch keine Liebe. Sie lernte aber in dieser Lebensphase das Gefühl der Macht kennen. Macht gegenüber Heike, ihrer Mutter. Diese Machtgefühle wurden zu einem Ersatz für das nicht vorhandene Gefühl, geliebt zu werden.

»Trotzverhalten« ist ein Zeichen sich entwickelnden eigenen Willens, ein Schritt in Richtung Selbstständigkeit.

Misserfolg im Kindergarten

Mit knapp drei Jahren kam Melanie in den Kindergarten. Schon am ersten Tag im Kindergarten bemerkte die betreuende Erzieherin, dass Melanie anders war als die meisten Kinder. Es schien, als ob Melanie die Erwachsenen und anderen Kinder gar nicht wahrnahm. Melanie blickte nicht zurück zur Oma, die sie gebracht hatte, sie registrierte nicht die freundlich auf sie zugehende Erzieherin, sie sah offensichtlich nur die reichlich vorhandenen Spielsachen, stürmte in den Gruppenraum und zerstörte zielstrebig einen hohen Bauklotzturm,

Erste Auseinandersetzung mit der Welt außerhalb der Familie.

der gerade von einigen älteren Kindern in mühevoller Arbeit aufgebaut worden war. Auf den fragenden Blick der Erzieherin sagte die Großmutter, dass Melanie immer so sei. Sie sei immer laut, wild und zerstörerisch. Hier im Kindergarten könne man ja versuchen, sie zu erziehen. Zu Hause funktioniere das nicht.

Während die Erzieherin im Gespräch mit der Großmutter einige wichtige Dinge aus Melanies Lebensgeschichte erfuhr, versuchte die zweite Erzieherin, Kontakt zu Melanie zu knüpfen. Sehr schnell spürte sie jedoch, dass sich Melanie Worten, Blicken und auch dem Versuch, sie liebevoll in den Arm zu nehmen, widersetzte. Sie beobachtete Melanie zunächst und erkannte ihre hyperaktive Unruhe und ihre fehlende Begeisterungsfähigkeit für eine Sache. Melanie wirkte sprachlich unbeholfen und organisierte den Kontakt zu anderen Kindern weniger über Sprache als über Taten. Diese Taten waren stets zerstörerisch. Sie zerriss die Bilder der anderen Kinder, sie zerstörte aufgebaute Türme, schlug und schrie. Mit der Zeit entwickelten die anderen Kinder einen regelrechten Abscheu gegen Melanie. Sie ließen sie nicht mitspielen, zogen sich von ihr zurück und attackierten Melanie in ihrer Hilflosigkeit ihrerseits mit Gewalttätigkeiten. Melanie zeigte sich unbeeindruckt. Letztlich verhielten sich die meisten Kinder ihr gegenüber ähnlich wie ihre Eltern.

Somit ist nun die zweite Stufe der gestörten Sozialentwicklung erreicht. Auch außerhalb der Familie, im Kindergarten oder später in der Schule, wird Melanie für ihr Verhalten mit Ablehnung und »Ausgrenzung« bestraft, Erlebnisse, die Melanie jedoch nur in ihrem Verhalten bestärken, da sie diese Art von »Aufmerksamkeit« genießt (s. Mangel an emotionaler Wärme, S. 41 ff.).

Ablehnung professioneller Hilfe

Melanies ungünstige Entwicklung konnte im Kindergarten nicht aufgefangen werden. Die Erzieherinnen versuchten lenkend einzugreifen und empfahlen Heike immer wieder eine heilpädagogische Behandlung der Wahrnehmungsstörungen (siehe *Woher kommen Aggressionen?*, s. S. 29 ff.). Ihre Empfehlungen wurden von Heike jedoch nie umgesetzt. Melanie wurde im Kindergarten sprachheiltherapeutisch behandelt. Das über den Kindergarten eingeschaltete Amt für soziale Dienste (Jugendamt) zog sich nach Überprüfung der familiären Situation rasch wieder zurück, da Melanie aktuell keinen offenkundigen Misshandlungen ausgesetzt war und das wohnliche Milieu als akzeptabel eingestuft wurde. Bei mangelnder Schulfähigkeit wurde sie mit 6 $^1/_2$ Jahren zunächst für ein Jahr im »Schulkindergarten« aufgenommen. Auch dort fiel sie durch ihr aggressives und immer wieder zerstörerisch wirkendes Verhalten auf. In der kleinen Gruppe mit 13 Kindern traf sie auch hier immer wieder auf Ablehnung, sodass der Teufelskreis aggressives Verhalten – Ablehnung – verstärktes aggressives Verhalten – usw. seinen Lauf nahm.

Der Teufelskreis schließt sich.

Endlich ein Freund?

Nur ein gleichaltriger Junge in ihrer Gruppe, Ralf, hatte eine ähnliche problematische Sozialentwicklung. Auch er zeigte aggressives und zerstörerisches Verhalten. Nach jahrelanger Ablehnung, die jedoch nur zur Verstärkung des aggressiven Verhaltens führte, da keine Verhaltensalternativen zur Verfügung standen, erlebt Melanie nunmehr erstmals Akzeptanz durch ein gleichaltriges Kind, das so war wie sie.

Melanie und Ralf fühlten sich magisch zueinander hingezogen. Beide spürten, dass sie ein ähnliches Verhaltenssystem entwickelt hatten. Dieses Zueinander-hingezogen-Fühlen gab auch Ralf erstmals das Gefühl, jemanden zu haben, der ihn

Der erste Mensch, der Melanie akzeptiert, hat ähnliche Probleme.

*Terror in
der Grundschule.*

akzeptierte. Sie terrorisierten gemeinsam ihre Mitschüler, prügelten und erpressten durch Androhung von Gewalt den anderen begehrte Spielsachen ab. Sie fühlten sich mit ihrem Verhalten gemeinsam äußerst stark. Auch beim späteren Übergang auf die normale Grundschule blieben sie zusammen und fanden Anschluss an noch zwei weitere Kinder, die so waren wie sie. Ralf hatte sich bald darauf spezialisiert, Mädchen in den Schultoiletten zu überfallen, sie zu schlagen und zu würgen und ihnen Taschengeld abzunehmen. Der Grundstein für eine Art »Grundschul-Gang« war gelegt.

Somit ist die dritte Stufe der Entstehung eines gestörten Sozialverhaltens erreicht. Die Kinder befinden sich innerhalb und außerhalb der Schule in einer Gruppe (Peergroup), in der alle Beteiligten ein ähnlich gestörtes Wertesystem und ein problematisches Gemeinschaftsverhalten haben. In dieser Gruppe fühlen sich die Kinder mit ihrem aggressiven Verhalten anerkannt. Sie verbringen viel Zeit auch am Nachmittag und Abend miteinander. Die Eltern dieser Kinder nehmen oft nur wenig Anteil an der Freizeitgestaltung. Die Kinder machen, was sie wollen, weitestgehend ohne elterliche Kontrolle und damit auch ohne elterliche Korrektureinflüsse (s. Unzureichende elterliche Aufsicht und Anleitung, S. 52 ff.).
Die elterliche Vernachlässigung führt bei den betroffenen Kindern erneut zu Ablehnungsgefühlen. Diese Ablehnungsgefühle schweißen die Peergroup noch enger zusammen.

Der Fall Ralf

Ralf, Melanies Freund, kam aus einem völlig anderen Elternhaus als Melanie. Eigentlich war er ein Wunschkind. Seine
Mutter war bei seiner Geburt 29 Jahre alt, sie war schon da-
mals beruflich selbstständig, hatte eine eigene Boutique in
der Stadt. Sein Vater, zehn Jahre älter als seine Frau, war Fi-
nanzberater und beruflich sehr eingespannt. Geld gab es in
der Familie genug, Alkohol spielte keine Rolle, die Eltern prügelten sich nicht. Schon wenige Wochen nach Ralfs Geburt
spürte Franziska, seine Mutter, die starke Belastung, die die
Versorgung eines Babys für sie bedeutete. Sie war ständig er-
schöpft, kümmerte sich aufopfernd um ihr Baby. Ralf musste
nie lange schreien, er wurde sofort hochgenommen und ge-
stillt, Tag und Nacht.

*Ein Wunschkind –
und doch nicht
willkommen.*

Ein Wunschkind – und doch abgelehnt

Das Leben mit dem Baby ist anders als erwartet.

Über die innere Anspannung im Rahmen der Überforderung entwickelte Ralfs Mutter jedoch schon nach wenigen Wochen Groll und Ablehnungsgefühle Ralf gegenüber. Um ihr Geschäft konnte sie sich ebenfalls nicht kümmern, die Umsätze gingen zurück, und auch diesbezüglich hatte sie Sorgen. Ihr Wunschkind Ralf war rasch eine Last geworden. Er schrie sehr viel, litt an Drei-Monats-Koliken, sie wusste überhaupt nicht mehr, was sie mit ihm machen sollte. Immer wieder schrie sie in ihrer Verzweiflung ihr Baby an, brachte es in sein Zimmer und hielt sich im Nebenraum verzweifelt die Ohren zu, da sie das erbärmliche Geschrei nicht ertrug. Sie fühlte sich schuldig. Aber die Beziehung zu Ralf hatte einen Riss.

Friedrich, ihr Mann, war ihr keine Hilfe. Er war jeden Tag von morgens um sieben Uhr bis abends um zehn Uhr unterwegs, hatte auch am Wochenende Termine und zeigte relativ wenig Verständnis für ihre Not. Als Ralf krabbeln und laufen lernte, kam es immer wieder zu Reibereien. Ralf erwies sich als sehr »zerstörungsfreundlich«. Mit zehn Monaten schob er immer wieder seinen Brei vom Tisch, sodass der Brei in der Küche verspritzte und seine Mutter jedesmal der Verzweiflung nahe war. Mit 15 Monaten riss er immer wieder die CDs seines Vaters aus dem Schrank, einige gingen dabei zu Bruch. Mit zwei Jahren schlug und kratzte er seine Mutter, wann immer es ihm in den Sinn kam.

Schuldgefühle, Wut und Hilflosigkeit.

Franziska fühlte sich durch ihre Schuldgefühle regelrecht gelähmt. Sie war ihrem kleinen Ralf hilflos ausgeliefert und konnte ihm keinen Einhalt gebieten. Friedrich hatte natürlich auch Schuldgefühle, da er nie da war und nie zur Verfügung stand. Diese Schuldgefühle machte er sich jedoch nicht klar und gestand sie sich nicht ein. Statt dessen vertrat er die Auffassung, dass man ein kleines Kind erzieherisch nicht einschränken dürfe, es müsse sich rückhaltlos ausprobieren

26

können. Die kleinen Zerstörungen ärgerten ihn zwar, aber auch er gebot Ralf keinen Einhalt. Als Ralf neun Monate alt war, arbeitete Franziska wieder in ihrer Boutique. Ralf verbrachte den großen Teil des Tages bei seiner Großmutter, Franziskas Mutter, die ähnlich »locker« mit ihm umging.

Die »antiautoritäre Vernachlässigung«

Obwohl Ralf Wunschkind war und aus »gut situierten« Verhältnissen kam, entwickelte sich bei ihm durch »antiautoritäre Vernachlässigung« mit vereinzelt auftretenden Jähzornsausbrüchen seiner Eltern eine ähnliche, aggressive Störung seines Sozialverhaltens wie bei Melanie. Er passte einfach nicht ins Lebenskonzept seiner Eltern. Dies war seinen Eltern jedoch zu keinem Zeitpunkt wirklich klar. Die Mischung aus Wut und Schuldgefühlen bei seiner Mutter beeinträchtigten die Beziehung zu ihm schwer. Sie zog sich schnell wieder in ihren Beruf zurück, anerkennende Aufmerksamkeit wurde ihm nie zuteil. Ab und zu, wenn es gar zu arg kam, z. B. als er den Lack von Friedrichs neuem Sportwagen zerkratzte, wurde auch der Vater wütend. Er brüllte, außer sich vor Wut. Dann war Friedrichs Wut aber auch schnell verflogen, und das gleichgültige, vernachlässigende Verhalten gewann wieder die Oberhand. Solange sein Vater vor Wut tobte, fühlte sich Ralf wirkmächtig. Er spürte plötzlich, dass er im Mittelpunkt stand, diese Art von Aufmerksamkeit bekräftigte sein destruktives Verhalten.

Eine lautlose Form der Elterngewalt.

Gleichgesinnte Gefährten

Und nun fanden Melanie und Ralf in der Schule zusammen und gingen mit ihrer »Gang« einen gemeinsamen Lebensweg. Melanie stahl in den verschiedensten Geschäften die verschiedensten Gegenstände. In Lebensmittelgeschäften klaute sie vor allem Süßigkeiten, um ihre »Sucht« nach Süßem und

Die Taten der Grundschul-Gang.

ihr Bedürfnis, sich dadurch »etwas Gutes zu tun«, zu befriedigen. In anderen Geschäften stahl sie begehrte Textilien, wie z. B. T-Shirts und Hosen, um sich dadurch in ihrer Gruppe Anerkennung zu verschaffen. Sie beteiligte sich als Komplizin bei Ralfs Erpressungs- und Raubaktionen. Im Alter von neun Jahren trat in der Gruppe als weiteres Suchtverhalten das Zigarettenrauchen und der Konsum alkoholischer Getränke auf. Dadurch kam es zu einem deutlich gesteigerten Geldbedürfnis, um sich dieses neue Suchtverhalten auch leisten zu können. Die Kinder brachen Automaten auf, beraubten ihre Mitschüler und stahlen den eigenen Eltern das Geld aus der Geldbörse. Mit zehn Jahren wurden Melanie und Ralf zum ersten Mal polizeilich aktenkundig.

> *Die vierte Stufe in der Entwicklung eines gestörten Sozialverhaltens mit krimineller Auffälligkeit, beginnender Sucht und polizeilicher Reaktion war erreicht (Reaktion der Gesellschaft). Ist die Entwicklung einer Verhaltensstörung so weit fortgeschritten, gelingt es oft leider nicht mehr, die Kinder verlässlich wieder »zurückzuholen«.*

Woher kommen Aggressionen?

*Woher Aggressionen bei Menschen
kommen, hat nachdenkliche Menschen
seit jeher beschäftigt.*

In den letzten Jahrzehnten haben verschiedene Wissenschaften Theoriemodelle ausgebildet, die die Ursache der Aggressionen beim Menschen erklären sollen. Man unterscheidet heute biologisch orientierte von psychologisch oder soziologisch ausgerichteten Theorien.

Triebtheorie

Aggression: notwendiges Rüstzeug der Natur.

In der Verhaltensforschung geht man davon aus, dass dem Tier und auch dem Menschen (als »alles fressendem Säugetier«) ein angeborener Kampftrieb innewohnt. Dieser Trieb ist die Grundlage zur Selbstverteidigung und Selbsterhaltung in Konflikten mit anderen Tierarten oder seinesgleichen. Auch der Jagdtrieb zur Erlangung von Nahrung steht mit diesem Kampftrieb in Beziehung. Es ist zu beobachten, dass sich dieser Trieb von Zeit zu Zeit scheinbar entladen muß. Junge Füchse, junge Bären, aber auch Menschenkinder balgen und raufen (»Spaßkloppe«) miteinander. Dabei handelt es sich scheinbar um spielerische Entladung dieses Triebes. Die Wirkung der Aggression und des Kampftriebes hinterlässt Überlegenheits- und Befriedigungsgefühle, die vom betreffenden Lebewesen als angenehme Erfolgserlebnisse erfahren werden. Solche angenehmen Gefühle wirken wie eine innere Belohnung. Das Ausleben des Kampftriebes hat eine befriedigende Wirkung, es führt jedoch nicht dazu, dass sich Aggressivität und Kampfeslust vermindern.

Lerntheorie

Belohnung führt zur Verstärkung eines Verhaltens, in diesem Fall von aggressivem Verhalten. Da das Ausleben von Aggressionen oft als erfolgreich erlebt wird, wird über diesen Verstärkungsmechanismus Aggressivität und aggressives Verhalten angeheizt. Somit kann aggressives Verhalten regelrecht »gelernt« werden. Aggressives oder gewalttätiges Verhalten lässt sich aber auch auf anderem Wege erwerben. Kinder können sich derartiges Verhalten von so genannten Vorbildern abgucken. Diesen Weg nennt man auch »Lernen am Modell«. Dieser Lernweg ist sehr wirkungsvoll.

Aggression: Übernahme des Erfolgsmodells.

> **Beispiel:** *Der alkoholisierte, gewalttätige Vater schlägt vor den Augen seiner Kinder die Mutter, die sich weinend und gedemütigt im Nachbarzimmer einschließt. Die verängstigten Kinder, die diese Szene erleben müssen, spüren jedoch auch den »machtvollen Erfolg«, den der Vater gegenüber der Mutter hat.*

Verhalten, welches von solcher »Macht« begleitet ist, wird vom »Modell« des Vaters (im oben genannten Beispiel) abgeguckt und ins eigene Verhaltensrepertoire übernommen. Andererseits kann das Erleben solcher Aggressionen bei den beobachtenden Kindern zu Angst, Hilflosigkeitsgefühlen und dem Gefühl eigener Bedrohung führen.

Tiefenpsychologische Theorie

Ängste und Bedrohungsgefühle sind für Kinder und natürlich auch für Erwachsene äußerst unangenehm. Unsere Seele versucht, solche unangenehmen, vielleicht sogar unerträglichen Gefühle und die dadurch hervorgerufenen inneren Spannungen zu lindern. Es scheint seelische Abwehrfunktionen zu geben, die dazu führen, dass solche massiven Ängste und Bedro-

Aggression: wirksamer Abwehrmechanismus.

31

hungsgefühle nicht mehr spürbar sind. Dieses gelingt unserer Seele dadurch, dass anstelle der nicht erträglichen Gefühle erträglichere Gefühle wie Ärger, Wut, Hass und Zorn gesetzt werden (s. S. 37).

> **Beispiel:** *Das Kind aus dem oben genannten Beispiel, welches die Gewalttätigkeit des Vaters miterleben musste, entwickelt, um die unerträgliche Angst vor dem Vater nicht mehr spüren zu müssen, statt dessen Gefühle wie Wut, Zorn und Hass gegenüber der »schwachen« und gedemütigten Mutter. Denn Wut und Hass gegenüber dem eigentlichen Angreifer wären für das Kind viel zu gefährlich und würden neue Ängste erzeugen.*

Frustrations-Aggressions-Theorie

Aggression: Frustabbau.

Nicht nur massive Ängste und Bedrohungsgefühle können zu Aggressionen und Gewalt führen, auch allgemeine Frustrationen im alltäglichen Leben, Enttäuschungen und die damit verbundenen Selbstwertprobleme sind in der Lage, Wut, Ärger und Vergeltungswünsche hervorzurufen.

> **Beispiel:** *Ein 8-jähriger Junge erlebt im zweiten Schuljahr das Erlernen von Lesen und Schreiben als etwas äußerst Unangenehmes, was ihm nicht so recht gelingen will. Er erlebt Frustrationserlebnisse, die auf diese Lernsituationen (Schule, Hausaufgaben) bezogen sind. Der Lehrerin und den Eltern fällt auf, dass er gerade in diesen Situationen zunehmend aggressiv und störend wird, während er in anderen Alltagssituationen durchaus umgänglich und friedlich ist.*

Soziologische Theorien

Es wird beschrieben, wie durch bestimmte Beziehungsstrukturen (z. B. Machtstrukturen, krasse Unterschiede in Besitzverhältnissen) Aggressionen geschürt werden. Außerdem wird beschrieben, wie allein das Etikett »aggressives Kind« zur Verfestigung aggressiven Verhaltens führen kann, da sich dem betreffenden Kind sozusagen eine gesellschaftliche Erwartungshaltung mitteilt: »Alle denken, dass ich aggressiv und gewalttätig bin, also muss ich mich auch so verhalten, da es praktisch von mir erwartet wird.«

Aggression: Erwartung der Umwelt.

Weitere Faktoren, die mitwirken

Ein Bündel verschiedener Ursachen kann dazu beitragen, dass ein Kind auffallend aggressiv, gewalttätig oder gar kriminell wird. Der eine Mensch ist von Natur aus ruhiger und friedfertiger, der andere von seinem Charakter eher lebhaft, impulsiv oder gar zu jähzorniger Aggressivität neigend. Solche körperlichen Veranlagungen und Charakterzüge unterliegen auch gewissen erblichen Faktoren.

Veranlagung und Erbanlage.

ADS und Aggression

Hyperaktive Kinder, mit ausgeprägter Unruhe, mit Problemen, sich zu konzentrieren, und leichter Ablenkbarkeit (*Attention-Deficit-Syndrome*) sind besonders gefährdet, aggressive Verhaltensstörungen zu entwickeln.

Etwa drei Viertel der hyperaktiven Kinder zeigen zusätzlich aggressives Verhalten. Viele dieser Kinder haben sogenannte Wahrnehmungs-Verarbeitungs-Störungen. Das heißt: Ihnen fällt es schwer, Gesehenes, Gehörtes oder mit ihrem Körper Erspürtes in ihrem Gehirn weiter zu verarbeiten. Außerdem zeigen viele dieser Kinder sogenannte Teilleistungs-Störungen, die sich vor allem in der Schulzeit, z. B. in Form einer Lese-Rechtschreib-Störung (Legasthenie) oder einer umschriebenen Rechenschwäche (Dyskalkulie), bemerkbar machen. Diese Kinder stoßen im familiären und im schulischen Alltag oft auf Ablehnung, da es von Erwachsenen viel innere Kraft und Geduld erfordert, mit hyperaktiven Kindern umzugehen. Somit erfahren diese Kinder in ihrem Alltag häufig Frustrationserlebnisse, welche aggressives Verhalten hervorrufen können.

Lernbehinderung und Aggression

Mangelndes Vorausdenken.

Aber auch Intelligenzmangel – als körperlich, hirnorganisch bedingtes Handicap – kann dazu beitragen, dass sich aggressives Verhalten bei einem Kind entwickelt. Gerade aggressives Verhalten mit Körperverletzung wird vor allem an Schulen für Lernbehinderte beobachtet. Kinder, die zu aggressivem Verhalten neigen, nehmen häufig nur die kurzfristigen Konsequenzen ihres Handelns wahr. Unangenehme Folgen ihres Handelns wie z. B. Bestrafung oder Ablehnung werden zum Zeitpunkt der Aggressionsausübung von diesen Kindern oft nicht berücksichtigt.

Auf dem Boden genetischer und körperlicher Veranlagung haben so genannte psychosoziale Faktoren ausprägenden Einfluss auf die Neigung zu Aggressivität. Diese Faktoren wirken über Mechanismen, die in den oben genannten Theorien dargestellt sind.

Psychosoziale Risikofaktoren

Gewalttätiges Verhalten der Eltern kann in verschiedenen Ebenen und Formen in Erscheinung treten.

Risikofaktor: Gewalt durch Eltern

Der kleine Klaps ist schon eine Gewalttat.

Die im Leben eines Kindes zunächst bedeutsamsten Vorbilder sind in der Regel Eltern, Großeltern oder andere wichtige erwachsene Bezugspersonen. Wenn diese Vorbilder selbst häufig gewalttätiges Verhalten praktizieren, werden sie zu einem negativen Lernmodell für ihre Kinder, die Kinder schauen sich dieses Verhalten ab und übernehmen es. Ganz unmittelbar erleben Kinder Gewalt, die gegen sie selbst gerichtet ist. Jegliche körperliche Strafe, die mit Schlagen des Kindes, Prügel und Ähnlichem einhergeht, ist ein massiver Gewaltakt gegen das Kind.

Diese Strafen sind in unserer Kultur leider jedoch weit verbreitet. In Elternbefragungen konnte ermittelt werden, dass 40 % aller Mütter in der »Erziehung« ihrer Kinder schon einmal eine Tracht Prügel angewendet hatten, bei den Vätern ist der Prozentsatz nur geringgradig niedriger. 10 % der Eltern lassen sich sogar zum Prügeln mit Gegenständen hinreißen (Salisch 1999).

Eltern prügeln aus »subjektiver Notwehr«

Viele der schlagenden Eltern stehen selbst unter Spannung, was zu einer aggressiven Stimmung und Gereiztheit führt. Persönliche Probleme der Eltern, z. B. in der Partnerschaft, am Arbeitsplatz, in der eigenen Herkunftsfamilie oder durch eine allgemein belastete Lebenssituation (Arbeitslosigkeit, Armut, eingeengtes Wohnumfeld usw.) können zu einer derartigen inneren Anspannung führen, dass das Kind viel leichter als »schwierig« erlebt wird. Aus einer solchen belasteten Einstellung zum Kinde heraus treten rasch Situationen auf, die »das Fass zum Überlaufen bringen« und von Elternseite mit Gewalttätigkeit beantwortet werden. In solchen »Erziehungssituationen« erleben sich die Eltern vor der körperlichen

Bestrafung oft als ohnmächtig und hilflos, und sie wissen sich nicht anders gegenüber ihrem Kind durchzusetzen. Viele dieser Eltern mussten auch in ihrer Kindheit immer wieder gewalttätige Übergriffe ihrer Eltern erleben. Somit kann elterliche Gewalttätigkeit von Generation zu Generation als scheinbar »normales Erziehungsverhalten« weitergegeben werden.

Die mit harter körperlicher Bestrafung misshandelten Kinder leben dieses erlernte Verhalten auch in ihrem Lebensalltag gegenüber vermeintlich Schwächeren aus. Gewalttätigkeit durch Eltern kann die Grundlage dafür sein, dass Kinder flüchten und letztlich auf der Straße leben.

Kinder übernehmen, was sie erfahren.

Was ist so schlimm an einem Klaps?

Versuchen Sie sich doch einmal in ein geschlagenes Kind hineinzuversetzen. Das Kind spürt neben dem körperlichen Schmerz natürlich eine erhebliche Verunsicherung, weil der Zusammenhang zwischen seinem »Fehlverhalten« und der unberechenbaren, überschießenden Gewaltreaktion des Erwachsenen nicht verstehbar ist. Einen unberechenbaren Menschen vor sich zu haben, in Verbindung mit der erlebten Verunsicherung, führt natürlich zu erheblicher Angst. Dadurch kann es im Gefühlsleben des Kindes zu verheerenden Folgen kommen. Kinder können Selbstzweifel bis zur Selbstablehnung entwickeln, da sie ja immer wieder erfahren, dass sie ihren Eltern scheinbar nur Prügel wert sind. Diese eben genannten Gefühle sind für die Kinder so unerträglich, dass ihre Seele versucht, sich davor zu schützen. Ein derartiger Prozess läuft unbewusst ab.

Einerseits kann es geschehen, dass sich derart traumatisierte Kinder mit ihrem Peiniger identifizieren. Das heißt: Sie entwickeln Gefühle wie »Der Angreifer hatte Recht« oder »Ich bin ja selbst schuld«. Eine derartige Entwicklung kann der Boden für seelische Störungen wie Angsterkrankungen oder De-

Ausweg: die Identifikation mit dem Aggressor.

pressionen sein. Andererseits können die unangenehmen Gefühle von Hilflosigkeit, Angst und Schmerz durch andere Gefühlsqualitäten wie Wut, Hass und Vergeltungsgefühle ersetzt und abgewehrt werden. Über diesen Weg wird die Entwicklung der eigenen Gewalttätigkeit des Kindes gefördert (s. Tiefenpsychologische Theorie, S. 31).

Außerdem sind gewalttätige Auseinandersetzungen unter den Eltern ein ungünstiges Lernmodell für Kinder. Prügelnde Ehemänner oder Lebenspartner sind ein schlechtes Identifikationsmodell für ihre Söhne.

Sexueller Missbrauch

Gewalt, die sich Liebe nennt.

Ein weiteres Feld der Gewaltausübung gegen Kinder ist der sexuelle Missbrauch in Familien. In Deutschland erlebt schätzungsweise jedes fünfte Mädchen und jeder siebte Junge diese Form der Gewaltausübung. Diesen Kindern wird eine aggressiv getönte Form von Sexualität aufgezwungen, die ihrem Lebensalter unangemessen ist und die sie seelisch verwirrt. Die Kinder erleben, dass man sie nur dann »lieb hat«, wenn sie sich sexuell fügen. Das führt zu einer Untergrabung des eigenen Selbstwertgefühls. Die Kinder fühlen sich schuldig und schämen sich und sind nicht selten durch Drohungen der Erwachsenen massiv geängstigt und verwirrt. Diese Kinder müssen schweigen, obwohl sie am liebsten schreien möchten, sie fühlen sich ohnmächtig. Aber gerade auch für Jungen besteht die Gefahr, dass sie hier ein Identifikationsmodell lernen, welches auch sie später zu sexuellen Gewalttätern werden lässt. Eine weitere Form von sexueller Gewalt in der Familie findet sich in Form der Vergewaltigung in der Ehe, bzw. nichtehelichen Partnerschaft. Auch hierbei handelt es sich um einen brutalen gewalttätigen Akt des Mannes gegenüber der Frau, den vor allem die Söhne, wenn sie zu Zeugen dieser Gewalt werden, im später Leben kopieren können.

Verbale Gewalt

Ein weiteres Feld von elterlicher Gewalt gegenüber Kindern ist die Gewalt mit Worten und die seelische Gewaltausübung. Demütigende Beschimpfungen des Kindes durch die Eltern, zum Beispiel: »Du bist ja das Schrecklichste, was ich kenne« oder »Hau ab, ich kann dich nicht mehr sehen« wirken auf das Kind massiv kränkend. Es fühlt sich in seiner gesamten Person abgelehnt und verachtet. Wer beschimpft wird, fühlt sich unsicher, schuldig, beschämt, ja wertlos. Oder er reagiert mit Wut, Hass und Vergeltungswünschen dem Beschimpfenden gegenüber. Beide Reaktionen sind gut nachfühlbar. Die Er-

Worte können ebenso wehtun wie Schläge.

39

Wer geschlagen wird, wird oft zum Schläger.

niedrigungen, die ein Kind durch Beschimpfungen erlebt, wirken frustrierend und damit aggressionsfördernd. Besonders die Verwendung von beleidigenden Schimpfworten aus der Gossensprache wie »Arschloch« oder Ähnliches verschlimmern das Zerstörungswerk beim Beschimpften.

Zusätzlich wird mit einem derartigen Verhalten wieder ein ungünstiges Vorbild vorgelebt, welches vom Kind in Situationen außerhalb des Haushaltes, z. B. in der Schule oder in der Freizeit, gegenüber vermeintlich Schwächeren gerne kopiert wird. Über diesen Weg der gegenseitigen Beschimpfung werden oft Gewalttätigkeiten zwischen Kindern und Jugendlichen entfacht.

Zusammenfassende Hinweise

Schlagen oder prügeln Sie Ihr Kind nie. Unterlassen Sie auch den so genannten Klaps auf den Po. Denn auch dieser »hilft« nicht, und Sie sind dadurch kein gutes Vorbild. Beschimpfen Sie Ihr Kind nie beleidigend.

Sollten Sie den Verdacht oder gar die Gewissheit haben, dass Ihr Kind sexuell missbraucht wird, so versuchen Sie nicht zu schweigen, auch wenn der Täter aus Ihrer Familie kommt, sondern vertrauen Sie sich einer Beratungsstelle an.

Falls Ihnen oder Ihrem Kind Gewalt durch Ihren Partner angetan wird, so haben Sie das Recht, sich Schutz gebende Hilfe z. B. bei der Polizei oder beim Frauenhaus zu holen.

Risikofaktor:
Mangel an emotionaler Wärme

Mit emotionaler Wärme ist ein grundsätzlich freundliches, warmes, verständnisvolles Klima in der Familie gemeint. Elterliche Liebe und das damit verbundene »warme, nicht erotische Gefühl in Bauch und Brust« sind die Voraussetzung für eine geborgene Atmosphäre. Wenn diese Atmosphäre fehlt, besteht ein erhöhtes Risiko für die Kinder, gewalttätiges Verhalten zu entwickeln.

Das ideale Klima.

Manchen Eltern gelingt es nicht, die notwendige Wärme und liebevolle Fürsorge für ihr Kind aufzubringen, vielleicht weil ihnen selbst als Kind diese Wärme nicht entgegen gebracht wurde.

Allzu bedürftige Eltern

Vernachlässigung und Ablehnung durch Eltern hat weniger mit dem Kind selbst zu tun – es ist also nicht weniger liebenswert als andere Kinder –, sondern eher mit seelischen Problemen, bzw. Problemen des Lebensalltags ihrer Eltern. Manchmal scheint es, als ob diese Eltern selbst seelisch sehr bedürftig sind und – ohne es zu wissen – von ihrem Kind erwarten, dass es ihnen die Aufmerksamkeit und Bewunderung geben soll, die ihnen selbst in der Kindheit vorenthalten wurden. Es besteht die Gefahr, dass diese emotional bedürftigen Eltern in ihrer Frustration, weil sie vom Baby nicht die Liebe bekommen, die sie sich unbewusst von ihm erhofften, dem Kind gegenüber gewalttätig werden. Andererseits können vernachlässigte Kinder aber auch die Erfahrung machen, durch aggressives Verhalten mehr beachtet zu werden, weil sie eher auffallen. Auch wenn das Kind in dieser Situation eher »negative Zuwendungen« wie Schimpfen, Ermahnungen oder Schläge erhält, fühlt es sich durch diese »Zuwendungen« als »im

Wer soll dem anderen Liebe geben?

41

Mittelpunkt stehend«. Das gute Gefühl des »Im-Mittelpunkt-Stehens« wirkt wie eine Belohnung für auffälliges Verhalten.

Die feinen Formen der Gewalt

*E*rdrückend: das elterliche Vorbild.

Fehlende emotionale Wärme in der Familie ist oft mit einem aggressiven Sprachstil in der Familie verbunden. Gewalt beginnt auch mit der Sprache. Verunglimpfende und demütigende Beschimpfungen in einer kalten Familienatmosphäre bahnen der Gewalt den Weg. Außerdem wird Gewalttätigkeit dadurch gefördert, dass Eltern sich in Gegenwart ihrer Kinder abfällig über andere Menschen äußern, weil die sich nicht körperlich wehren. Die direkte Aufforderung zur Gewalt durch die Eltern ist ein ungünstiges Vorbild, genauso wie die Duldung von gewalttätigen Auseinandersetzungen unter Kindern durch ihre Eltern. Auch ein ironischer Sprachstil kann zu einer Verunsicherung des Kindes führen, denn er birgt die Gefahr, dass das Selbstwertgefühl gestört wird.

> **Beispiel:** *Ein 4-jähriger Junge verschüttet aus einem Becher etwas Milch. Die angespannte Mutter reagiert mit unwirschem Tonfall und ärgerlicher Gesichtsmimik und sagt dabei: »Das hast du aber mal wieder toll gemacht!«.*

*I*ronie und Nichtbeachtung.

Der Kontrast zwischen dem Inhalt der gesprochenen Worte und der abweisenden Mimik und Betonung wirkt auf das Kind verwirrend und verunsichernd. Diese beängstigenden Gefühle können, wenn sie vom Kind sehr häufig erlebt werden, durchaus durch aggressive Gefühle abgewehrt und ersetzt werden. Auch Liebesentzug und Nichtbeachtung können zu einer erheblichen Verunsicherung eines Kindes führen und sind gleichzusetzen mit einer seelischen Misshandlung.

> **Beispiel:** *Ein 14-jähriges Mädchen kommt entgegen der Absprache mit ihren Eltern zu spät nach Hause. Die Eltern machten sich Sorgen. Die elterlichen Sorgen waren jedoch begleitet von Wut und Ärger. Als das Mädchen zu Hause eintrifft, wird es von der Mutter massiv beschimpft. Der Vater sagt gar nichts und redet mehrere Tage nicht mit dem Mädchen, er vermeidet das Begegnen in der gemeinsamen Wohnung. Diese Nichtbeachtung wirkt massiv verunsichernd auf das Kind, es fühlt sich schuldig und schlecht. Derartige unangenehme Gefühle können jedoch wiederum zu Wut oder gar zur Flucht aus der Familie führen.*

Beziehungsprobleme der Eltern

Der Mangel an elterlicher liebevoller Wärme hat nicht nur in der Kindheit der Eltern seine Wurzeln, sondern nicht selten auch in Beziehungsproblemen der Eltern untereinander. Eine dauerhafte disharmonische Beziehung zwischen den Eltern führt zu einem nachteiligen Klima in der Familie, die Kinder können kein Geborgenheitsgefühl entwickeln. Besteht eine spannungsgeladene, aggressive Atmosphäre zwischen den Eltern, so kann es auch gegenüber den Kindern zu direkten aggressiven Handlungen und Äußerungen kommen. Nicht selten fühlen sich Kinder schuldig an der Beziehungskrise der Eltern.

Besonders gefährdet: Söhne allein erziehender Mütter.

Etwa 35 % aller Ehen werden heutzutage geschieden. In einem von fünf Haushalten mit Kindern lebt ein Elternteil, in der Regel die Mutter, allein erziehend. Die Kinder müssen sich oft mehrfach an »neue Stiefväter« bzw. »Stiefmütter« gewöhnen, das heißt: immer wieder ihr Bezugselternteil mit fremden Erwachsenen teilen. Das wird von manchen Kindern sogar als persönliche Ablehnung empfunden. Allein erziehende Mütter sind oft mit den Anforderungen an die Erziehung überfordert, da sie sich allein gelassen fühlen und nicht selten mit mannigfachen anderen sozialen Problemen (Armut, Arbeitslosigkeit, beengte Wohnverhältnisse, eigene seelische Not) zu kämpfen haben.

Familien, die gefährdet sind

Hier kommt es häufig zu Misshandlung und Gewalttätigkeit.

In Familien, die gleichzeitig durch mehrere psychosoziale Probleme beeinträchtigt sind (Arbeitslosigkeit, Sozialhilfeabhängigkeit, Alkohol-, Drogenkonsum, ungünstige Wohnverhältnisse usw.), und in Familien, in denen ein Elternteil allein erziehend für die Kinder verantwortlich ist, ist die Gefahr, dass Kinder misshandelt werden, erhöht. Durch direkte Gewalterfahrung (führt über Wut und Frustration zu erhöhter Aggressionsbereitschaft) und durch das Gefühl des Ungeliebtseins (führt über Frustrationsgefühle zur Aggression gegenüber anderen oder zur Aggression gegenüber sich selbst, z. B. zu Drogenkonsum, Alkoholkonsum, Essstörungen oder selbstverletzendes Verhalten) entwickeln Kinder aus Familien mit mangelnder emotionaler Wärme nicht selten aggressive Verhaltensstörungen. Gerade bei Jungen allein erziehender Mütter kommt noch hinzu, dass ein liebevolles, nachahmenswertes Vater- und Männervorbild, mit dem sich der betreffende Junge identifizieren könnte, fehlt.

Zusammenfassende Hinweise

Vermeiden Sie beleidigende Beschimpfungen, verwenden Sie niemals Schimpfwörter aus der Gossensprache. Vermeiden Sie einen ironischen Sprachstil. Vermeiden Sie Liebesentzug oder Nichtbeachtung.

Suchen Sie mit allen Familienmitgliedern gerade auch in Problemsituationen das Gespräch. Besonders über Gefühle wie Ängste, Traurigkeit, Hilflosigkeit sollten Sie sprechen.

Wenn Sie mit Ihrer Beziehung nicht zufrieden sind und die Probleme nicht untereinander lösen können oder wenn Sie allein erziehend sind und sich überfordert fühlen, so sollten Sie sich rechtzeitig professionelle Hilfe holen, auch wenn es für viele Erwachsene nicht leicht ist, über vermeintliche Schwächen oder Probleme zu sprechen oder gar von außen Hilfe anzunehmen.

Risikofaktor:
Seelische Probleme der Eltern,
Alkohol- und Drogensucht

Alkohol

Elterliche Suchterkrankungen wie Alkohol- und Drogensucht sind ein Risikofaktor für kindliche Verhaltensstörungen. Alkoholabhängigkeit ist ein häufiges Problem. Schon Ende der Achtzigerjahre ging man in der damaligen Bundesrepublik von ca. zwei Millionen alkoholabhängigen Menschen aus, fast ein Zehntel der Betroffenen waren Jugendliche. Alkoholkranke Menschen leben oft in einer unglücklichen Partnerbeziehung, sodass die betroffenen Kinder nicht nur durch ihr alkoholkrankes Elternteil gefährdet sind, sondern auch durch die seelischen Probleme des durch die schwierige Partnerbeziehung beeinträchtigten, nicht alkoholkranken Elternteils. Alkoholkranke Eltern leiden oft an einem Krankheitsbild des Gehirns, da der Alkohol nach jahrelanger Abhängigkeit zu schweren Gehirnstörungen führt. Die Betroffenen reagieren dann verlangsamt, können sich nur schwer auf plötzliche,

Mindestens zwei Millionen Alkoholabhängige leben in Deutschland.

45

neue Lebenssituationen einstellen und leiden zudem unter einer Gefühlslabilität, die sie – für ihre Kinder unvorhersehbar und jeweils unerwartet – zwischen vernachlässigender Gleichgültigkeit und aggressivem Jähzorn schwanken lässt.

Die Folgen für die Kinder sind schwer.

Dadurch wird es gut verständlich, dass es alkoholabhängigen Eltern schwerfällt, eine liebevolle Familienatmosphäre zu schaffen, in der ein Kind sicher und mit einem guten Selbstwertgefühl heranwachsen könnte. Die Kinder sind eher gewalttätigen Handlungen und sexuellen Übergriffen ausgesetzt und werden somit durch ein gewaltförderndes Vorbild geprägt. Die Verunsicherung der Kinder hat ein geringes Selbstwertgefühles zur Folge und macht diese Kinder anfällig für ungünstige Einflüsse aus Gleichaltrigen-Gruppen. Das Herumstreunen auf der Straße, außerhalb des elterlichen Kontrollbereichs, kann die Kinder mit gefährdenden Gruppeneinflüssen in Kontakt bringen.

Das mangelnde Selbstwertgefühl und die kaum je gestillte menschliche Sehnsucht nach Wärme und Geborgenheit, vielleicht auch das elterliche Vorbild, tragen dazu bei, dass Kinder von alkohol- und drogenkranken Eltern nicht selten selbst süchtig werden. Sie fliehen in die Sucht, um »gute« Lebensgefühle herbeizuführen und um die schrecklichen belastenden Gefühle der Verunsicherung, Angst und Wertlosigkeit, die sie aus ihrer Familie mitgebracht haben, zu überdecken. Das ist natürlich nur eine Scheinlösung der Lebensprobleme. Denn sehr bald werden die Beschaffung und der Konsum von Alkohol und Drogen zu den lebensbestimmenden Gedanken und Zielen der Kinder und Jugendlichen, sie sind gefangen in ihrer Sucht.

Das frustrierte Gefühl, welches durch die Abhängigkeit von Alkohol und Drogen und die damit verbundene Unfreiheit auftritt, kann sich in Gewalt gegen den anderen oder sich selbst verwandeln.

> **Beispiel:** *Ein 14-jähriger Junge wuchs in einer Familie mit vier weiteren Geschwistern auf. Der Vater ist langzeitarbeitslos und seit zwanzig Jahren alkoholkrank. Der Tagesablauf der Familie ist durch Bierdosen und Schnapsflaschen geprägt. Die Mutter zieht sich in ihrer Verzweiflung zurück und versucht, die finanzielle Situation der Familie durch wechselnde Teilzeittätigkeiten zu verbessern. Dadurch ist sie jedoch oft nicht zu Hause und steht den Kindern als Stabilität vermittelnde Stütze kaum zur Verfügung. Die Atmosphäre, die vom Vater ausgeht, ist rau und nicht von Wärme geprägt. Auch in der Schule ist der Junge erfolglos. Er schließt sich mit gleichgesinnten Kindern zusammen, die allesamt ähnliche Schicksale in ihren Familien durchleben. Alkohol- und Zigarettenkonsum gehört gemäß den elterlichen Vorbildern zur Lieblingsbeschäftigung in der Gruppe. Das Taschengeld reicht nicht, die Eltern werden bestohlen. Kleine Einbrüche in Kiosken und das Aufbrechen von Automaten werden genutzt, um sich Geld für die Suchtmittel zu beschaffen. Der Weg in die Kriminalität ist geebnet.*

Nikotin

Auch das Rauchen in der Familie ist nicht unproblematisch. Neben den bekannten gesundheitlichen Effekten – durch elterliches Rauchen steigt das Risiko für Asthma bei Kindern, elterliches Rauchen erhöht sogar das Risiko für den plötzlichen Kindstod – führt das Rauchervorbild bei den Kindern nicht selten zur Nachahmung (s. *Lernen am Modell*, S. 20). Vor allem wenn die Kinder später in entsprechenden Gleichaltrigen-Gruppen einem Gruppendruck ausgesetzt sind, besteht die Gefahr, dass Kinder von Rauchern eher zur Zigarette greifen.

Rauchende Eltern haben häufig gewalttätige Kinder.

Tabak ist die Einstiegsdroge.

Rauchen ist jedoch oft der erste Schritt in Richtung eines weiteren Drogenmissbrauchs, da rauchende Kinder gelernt haben, Hemmschwellen gegenüber »Genussgiften« zu überwinden. Zusätzlich kann das Rauchen die Kinder und Jugendlichen unter erheblichen finanziellen Druck setzen, sodass der Anreiz zum Stehlen oder Einbruch wächst, weil man sich dabei das Geld für die Zigaretten beschaffen kann. Es ist bekannt, dass rauchende Kinder häufiger aus Familien kommen, in denen noch andere Probleme, die das Sozialverhalten beeinträchtigen können, bestehen.

Zusammenfassende Hinweise

Suchen Sie sich Hilfe über örtliche Suchtberatungsstellen, wenn Sie spüren, dass Alkohol oder andere Drogen zum regelmäßigen und täglichen Wegbegleiter für Sie geworden sind.

Versuchen Sie, das Rauchen aufzugeben. Raucher-Entwöhnungskurse können Ihnen durch Ihren Hausarzt vermittelt werden.

Risikofaktor: Arbeitslosigkeit, Armut, schlechte Wohnsituation

Enge Spiel- und Erlebnisräume bieten Kindern kaum Möglichkeiten, sich körperlich zu betätigen. Wenn kein Platz zum Spielen da ist, werden die Kinder körperlich eingeengt. Sie können nicht altersentsprechend herumtollen, können nicht ausprobieren, wie geschickt und behände sie sind, können nicht in einer weitgehend geschützten Spielatmosphäre relativ gefahrlos die Umgebung erkunden.

Dadurch besteht die Gefahr, dass das Körpergefühl der Kinder und ihre Sinneswahrnehmung unterentwickelt bleiben. Die Kinder sind bewegungsunsicher, entwickeln kein Vertrauen in ihren Körper und haben somit kein Vertrauen in sich selbst. Bewegungsgestörte, ungeschickte, unsichere Kinder sind in Gruppen mit anderen Kindern oft isoliert. Sie finden nur schwer Freunde und leiden unter Minderwertigkeitsge-

Die Folgen der Raumnot.

49

*M*achtkampf vor
der Haustür.

fühlen. Der damit verbundene Frust kann aggressiv machen (s. *Frustrations–Aggressions-Theorie*, S. 32).

Eingeengter Lebensraum ist oft verbunden mit engen, nicht kindgerechten Wohnungen, die vielleicht auch noch im mehrstöckigen Wohnblock oder Hochhaus liegen. Die Umgebung lädt meistens nicht zum geschützten, kindlichen Spiel ein. Autos fahren vor der Tür, und in den schmalen Grünstreifen zwischen den Blocks treiben sich ältere Kinder herum, die nicht wissen, wo sie sich lassen sollen. Ältere Kinder und Jugendliche üben in ihren Frustrationen oft Gewalt gegenüber jüngeren und schwächeren Kindern aus, sodass auf der Straße anstelle eines unbeschwerten Kinderspiels nicht selten grausame Brutalität erlebt wird.

Gerade Kinder aus ausländischen Familien leben oft in solch beeinträchtigten Wohnsituationen. Das könnte mit ein Grund dafür sein, dass Kinder ausländischer Familien relativ gehäuft in polizeilichen Kriminalstatistiken auffallen.

*E*nge, Armut und
Arbeitslosigkeit
sind schon der
halbe Teufelskreis.

Eingeengte finanzielle Verhältnisse – oft als Folge von Arbeitslosigkeit – führen dazu, dass sich die Sorge um die Alltagsbewältigung drückend auf die elterliche Stimmung auswirkt. Die gedrückte Stimmung und die beeinträchtigte Atmosphäre in der Familie führen dazu, dass Eltern gereizt und aggressiv mit ihren Kindern umgehen. Die Frustration arbeitsloser Eltern steht mit dem Gefühl, nichts bewirken zu können und nicht gebraucht zu werden, im Zusammenhang. Kinder erleben in einer solchen Familiensituation wenig Optimismus, Freude oder Sinnerfüllung. Die Erfahrung, dass es Spaß macht, eine Aufgabe zu haben und dass man aus eigener Kraft etwas bewirken kann – das sind wichtige Schutzfaktoren, die die Kinder davor bewahren können, eine gewalttätige Verhaltensstörung zu entwickeln.

Vor allem allein erziehende Mütter sind von Armut betroffen. In Armut lebende Kinder, das heißt Kinder, die vor allem von der Sozialhilfe abhängig sind, erfahren in ihrer Familie erfahrungsgemäß besonders häufig Gewalt und Lieblosigkeit. Schwierige soziale Lebensumstände müssen jedoch nicht notgedrungen dazu führen, dass Eltern ihren Kindern Gewalt antun oder sie lieblos vernachlässigen!

Armut bedeutet aber auch das Fehlen finanziellen Spielraumes für Konsumgüter. Konsumorientierung ist heutzutage weit verbreitet. In allen Lebenssituationen wird durch Werbung vermittelt, dass bestimmte Dinge gekauft werden müssen. Und bei Kindern ist das Bedürfnis, ständig neue Markenprodukte wie Turnschuhe, Sweatshirts, Lederjacken usw. zu bekommen, sehr ausgeprägt. Dieses resultiert zum einen aus der Kraft der Werbung, zum anderen aber auch aus der Tatsache, tagtäglich bei vielen Altersgenossen diese Statussymbole präsentiert zu bekommen.

Wie wichtig sind Konsumgüter für Kinder?

Konsum hat bei Kindern in Außenseiterpositionen nicht selten die Funktion, Minderwertigkeitsgefühle zu kompensieren. Wenn nun Armut in den Familien besteht, so greifen viele Kinder zu Diebstahl, Erpressung und Raub, um sich Geld zu beschaffen. Oder sie »zocken« die begehrten Statussymbole (Jacken, Schuhe etc.) direkt, evtl. mit vorgehaltenem Messer, von ihren Altersgenossen »ab«. Sobald eine solche Gewalttat einmal vom Täter als erfolgreich erlebt wurde, fühlt er sich in seinem Verhalten durch den Erfolg unmittelbar belohnt (s. *Lerntheorie*, S. 20). Dadurch wird bei diesem Kind zukünftig gewalttätiges Verhalten häufiger auftreten.

Zusammenfassende Hinweise

Wenn Sie von Arbeitslosigkeit und Sozialhilfeabhängigkeit betroffen sind, so versuchen Sie, sich nicht entmutigen zu lassen. Auch wenn Sie sich durch eine Teilzeittätigkeit vielleicht nicht viel dazu verdienen können, so besteht dadurch jedoch die Chance, dass das Gefühl, etwas zu bewirken und in einem Arbeitsprozess gebraucht zu werden, Ihnen und Ihren Kinder ein Stück positives Lebensgefühl vermittelt.

Versuchen Sie, Ihr Wohnumfeld kindgerechter umzugestalten. Ergreifen Sie die Initiative, schließen Sie sich mit Nachbarn zusammen, sprechen Sie mit den Vermietern.

Risikofaktor:
Unzureichende elterliche Aufsicht und Anleitung

Vernachlässigung hat viele Gesichter.

Vernachlässigendes Verhalten der Eltern kann über zwei Wege zu vermehrt aggressivem Verhalten der Kinder führen. Zum einen erfahren die Kinder, dass erst äußerst unangenehmes, eventuell aggressives Verhalten zur Beachtung (wenn auch unangenehmen Beachtung) seitens ihrer Eltern führt. Zum anderen führt die fehlende Kontrolle durch die Eltern dazu, dass keine Korrekturmöglichkeit fehlgeleiteten Kinderverhaltens durch die Eltern existiert. Die Kinder können regelrecht machen, was sie wollen, ohne Überprüfung durch die Eltern und ohne Vorbildfunktion seitens der Eltern. Mangelndes elterliches Interesse an den außerhäuslichen Freizeitaktivitäten des Kindes kann dazu führen, dass sich das Kind zunehmend in illegale Aktivitäten verwickelt, ohne entdeckt zu werden und Konsequenzen zu spüren. Elterliche Kontrolle kann z. B. die Entwicklung von rechtsradikalen Einstellungen und der damit verbundenen Gewaltbereitschaft bei Kindern und Jugendlichen verhindern.

Ausländische Eltern leben und arbeiten in Deutschland oft

isoliert. Das liegt u. a. an sprachlichen Barrieren und kulturel-
len Unterschieden. Diese Eltern kennen somit oft noch weniger als deutsche Eltern die Lebenswelten ihrer Kinder. Die
Kinder ausländischer Eltern haben häufig keine Beziehung
mehr zu den Wertvorstellungen ihrer Eltern. Somit fehlt diesen Kindern – oft noch mehr als deutschen Altersgenossen –
sowohl ein elterliches Vorbild, mit dem sie sich in ihrer außerhäuslichen Lebenswelt identifizieren können, als auch eine
wohldosierte elterliche Kontrolle dessen, was außerhalb des
Elternhauses geschieht. Auch dadurch erklärt sich die scheinbar besondere Gefährdung ausländischer Kinder, aggressive
Verhaltensauffälligkeiten zu entwickeln.

Die besonderen Probleme von Ausländern.

Bei ca. 40 % aller Familien mit Kindern sind beide Eltern
berufstätig. Gerade in diesen Familien besteht die Gefahr,
dass die Kinder zu wenig elterliche Anleitung und Aufsicht erfahren. Außer der Gefahr, dass sich diese Kinder häufig auf
der Straße »herumtreiben« und die Straßenclique schon bei
8-Jährigen mehr Bedeutung hat als die Eltern, besteht andererseits das Risiko, dass sich unkontrolliert eine Fernseh-, Vi-
deo- oder Computerspielsucht aus Langeweile entwickelt
(s. S. 56). Wohlstandskinder, die scheinbar doch alles haben,
deren Kinderzimmer ausgestattet sind wie ein vollgepfropfter
Spielwarenladen, ersticken oft in Langeweile, da sie wirklich
liebevolle Aufmerksamkeit von ihren Eltern nicht erhalten.

Das Wohlstands-kind kann nichts für seine Langeweile.

Wird Langeweile bei Kindern zu einem Dauerproblem, so
kann das nicht nur zu maßlosem Fernsehkonsum oder ähnlichem führen, viele dieser Kinder bekämpfen in ihrer Not dieses Langeweile-Gefühl mit übersteigertem Nervenkitzel (Gewalttaten, S-Bahn-Surfing, Spritztouren mit gestohlenen Autos
und Ähnlichem). Diesen Kindern, für die Nervenkitzel das ein-
zige ist, was ihnen das Gefühl gibt zu leben, fehlt meist eine
liebevolle Beziehung zu ihren Eltern. Oft überhäufen Eltern,
die sich schwertun, ihren Kindern ganz einfach von Mensch

zu Mensch liebevolle Zuwendung zu geben, diese mit Geschenken, Spielsachen oder Süßigkeiten.

Unter wirklicher liebevoller Aufmerksamkeit sind so einfache zwischenmenschliche Dinge zu verstehen wie liebgehalten werden, loben, miteinander sprechen, aber auch miteinander streiten und sich wieder versöhnen, miteinander spielen, einfühlsame elterliche Anleitung oder auch einfach nur miteinander leben in einer liebevollen Atmosphäre.

Überbehütung bedeutet Einengung und fördert Aggression.

Andere Eltern ersticken ihre Kinder in klammernder Überbehütung. Diese Kinder haben keine Möglichkeit, eigene Lebenserfahrungen zu sammeln, Dinge selber auszuprobieren und den eigenen Weg in Richtung Selbstständigkeit zu gehen. Bei überbehüteten Kindern besteht generell die Gefahr, dass sie zu wenig kindgerechte Lebenserfahrungen sammeln können. Manche Eltern bemühen sich, ihren Kindern jegliche Frustration zu ersparen. Aber übersteigerte Einengung des natürlichen Erkundungs- und Probierdranges der Kinder wird nicht selten durch aggressive Verhaltensweisen beantwortet. Diese Haltung der Eltern beinhaltet die Gefahr, dass die Kinder später, wenn sie unweigerlich im Alltagsleben (z. B. Schule oder Gleichaltrigen-Gruppe) mit Frustrationen konfrontiert werden, auf Frust mit Aggressionen reagieren. Diesen Kindern fehlte nämlich die Möglichkeit zu erlernen, wie Frust und Enttäuschung sich ertragen und verarbeiten lassen.

Zusammenfassende Hinweise

Versuchen Sie, jeden Tag Ihrem Kind Zeit zu widmen. Überhäufen Sie Ihr Kind nicht mit Spielsachen und Süßigkeiten, sondern geben Sie ihm stattdessen persönliche Zuwendung. Dadurch zeigen Sie Ihrem Kind, dass eine liebevolle Beziehung wichtiger ist als Konsum.

Besprechen Sie mit Ihrem Kind sowohl Ihre Tageserlebnisse als auch die Tageserlebnisse des Kindes. Erzählen Sie Ihrem Kind ruhig von sich, bitten Sie jedoch Ihr Kind, auch von sich zu erzählen. Außerdem ist ein geregelter Tagesablauf mit gemeinsamen Mahlzeiten (um Kontakt mit dem Kind zu pflegen) und einem geregelten Zubettgehen (um Übermüdung in Kindergarten oder Schule und dadurch bedingte Frustrationserlebnisse zu meiden) wichtig.

Üben Sie ruhig ein Stück gesunde Kontrolle aus. Sie müssen wissen, ob Ihr Kind gefährliches, gewalttätiges oder kriminelles Verhalten zeigt. Sie müssen einhaken, wenn Sie nicht akzeptable, gemeinschaftsschädigende Verhaltensweisen Ihres Kindes bemerken. Versuchen Sie, mit Ihrem Kind darüber zu reden. Versuchen Sie, die Gründe zu verstehen, versuchen Sie, ein nachahmenswertes Vorbild vorzuleben.

Lassen Sie andererseits Ihrem Kind auch ein Stück Freiheit, um eigene Erfahrungen zu machen. Schmutzige Kleider, ein paar harmlose Schrammen oder ein »wohldosiertes Herumstöbern« in der unmittelbaren Wohnumgebung sind für Ihr Kind notwendig, um eigene Erfahrungen zu sammeln. Übermäßiges Beschützen kann Ihr Kind entmutigen.

Überforderung des Kindes führt zu Frustration. Eine angemessene, das Kind nicht überfordernde Schulform ist wichtig, Freizeitinteressen und Begabungen des Kindes sind zu fördern, ohne jedoch zu überfordern.

Jedes Kind braucht die Gewissheit, einen vertrauenswürdigen, erwachsenen Ansprechpartner zu haben, gerade auch am Nachmittag. Wenn Sie nachmittags berufstätig sind, versuchen Sie, eine verlässliche, betreuende Anlaufstelle (Tageseltern, Hortplatz etc.) für Ihr Kind zu organisieren.

Risikofaktor: Massenmedienkonsum

Die Saat der Gewalt – sind wir machtlos?

Amerikanische Wissenschaftler stellten fest, dass sich in abgelegenen dörflichen Lebensräumen nach Einführen des Fernsehens die Anzahl der Gewalttaten weit mehr als verdoppelte. Der Konsum bewegter Bilder (Fernsehen, Filme, Videos, Computerspiele etc.) drängt sich zunehmend in unser aller Leben. Etwa 35 % aller sechs- bis achtjährigen Kinder verbringen pro Woche mehr als 30 Stunden vor dem Fernsehen (Stier 1999). Das bedeutet, dass über ein Drittel der jungen Grundschulkinder mehr als vier Stunden täglich vor dem Fernsehen sitzen. Die Fernsehzeit ist damit länger als die Schulzeit.

Filme, in denen »Action« und »Gewalt« vermittelt werden, scheinen für viele Kinder besonders reizvoll zu sein. Das durchschnittliche amerikanische Kind sieht bis zum 18. Lebensjahr ca. 25.000 Morde im Fernsehen. Ängste und Schlafstörungen können die Folge sein, aber auch Abstumpfung gegenüber Gewalt und die Motivation zur Nachahmung.

Fernsehen nimmt oft Suchtcharakter an. Die bewegten Bilder mit »Action« und »Power« führen beim Betrachter zu einem lebhaften, positiv erfahrenen Erregungszuwachs. Auf das Abschalten des Fernsehens reagiert er mit einem plötzlichen Erregungsabfall, einem unangenehmen Leeregefühl. Deshalb schalten viele Menschen das Fernsehgerät gar nicht mehr aus. Das laufende Fernsehen wird praktisch zum Wegbegleiter, Tag für Tag, Nacht für Nacht.

Welche Kinder sind gefährdet?

Dadurch wird das gemeinschaftliche Miteinanderleben in Familien beeinträchtigt. Es wird weniger gesprochen, weniger zugehört, weniger gelesen, weniger gebastelt oder gemalt. Fernsehen wird oft zum Elternersatz. Viele Kinder müssen sich ihre Vorbilder aus dem Fernsehen holen, da ihre Eltern keine Zeit, keine Kraft oder einfach kein Interesse haben, sich mit ihren Kindern zu beschäftigen. Gerade diese Kinder leiden aber oft unter dauerhafter innerer Frustration durch Versagensgefühle (Schule), Perspektivlosigkeit (Arbeitslosigkeit der Eltern), Elterngewalt und fehlende Anerkennung.

Bei diesen gefährdeten Kindern führen aggressive Fernsehinhalte sehr leicht zur Akzeptanz der eigenen Gewaltbereitschaft.

> *Beispiel: Ein 13-jähriger Junge, der seit Jahren bei seinem Onkel Horrorvideos sah, stürmt wie sein großer Videoheld (ein Killerzombie) mit einer Axt ins Haus seiner Cousine und schlägt dem 10-jährigen Mädchen die Axt in den Kopf.*

Außerdem gibt es wissenschaftliche Untersuchungen, die zeigen, dass ein Zusammenhang zwischen häufigem Fernsehen und abnehmenden Schulleistungen besteht. Vor allem wird ein Zusammenhang mit Problemen im Lesen und Schreiben sowie mit dem Sprachverständnis gesehen. Schulfrust und Sprachlosigkeit (die mangelnde Fähigkeit, über Probleme oder Gefühle zu sprechen) fördern das Entstehen von Gewalt.

Fernsehen und Übergewicht – noch ein Teufelskreis.

Außerdem besteht eine klare Verbindung zwischen Fernsehkonsum und Übergewicht. Fernsehsüchtige Kinder bewegen sich weniger und essen häufig fettreiche Snacks zwischendurch. Übergewicht ist jedoch nicht selten eine Grundlage für Frustration und fehlende Akzeptanz in der Gleichaltrigen-Gruppe.

Warum Fernsehen gefährlicher ist als Lesen.

Fernsehen spricht unsere menschlichen Hauptsinne – das Sehen und das Hören – gleichzeitig an, die Inhalte des Fernsehens werden somit als äußerst realitätsnah empfunden. Das Lesen oder das Anhören einer vorgelesenen Erzählung setzt bei den Kindern andere, und zwar wesentlich aktivere, Denkprozesse in Gang. Gelesenes oder Gehörtes wird in der Fantasie praktisch immer auch in Bilder übersetzt. Das bedeutet aber, dass sich ein Mensch beim Lesen oder Hören gewaltträchtiger Inhalte immer zuerst in der Fantasie sein eigenes Bild machen muss – und zwar so, dass er selbst dieses Bild noch aushalten kann.

Diese seelische Schutzfunktion wird beim Fernsehen unterlaufen. Beim Fernsehen kann ein Kind bei Horrorszenen nur weggucken oder abschalten. Das kann es jedoch erst tun, wenn der Horroreindruck der Filmszene schon aufgenommen wurde.

Fernsehen und Konsumorientierung.

Fernsehen ist aber auch ein nicht unerheblicher Werbeträger. Durch Werbung wird die Konsumorientierung unserer Kinder mit angeregt. Kinder merken tagtäglich, dass sie mit dem Konsum von Produkten (Süßigkeiten, industriellen Nahrungsmitteln, Kleidungsstücken, bestimmten Spielsachen usw.) innere Spannungen überspielen können. Ein ständiges Konsumieren führt jedoch nicht zu mehr Lebensglück, sondern nur zu einer Erhöhung der inneren Unzufriedenheit. Solche Unzufriedenheit wird in unserer Gesellschaft gerne erneut »wegkonsumiert«. Wie schon in vorangegangenen Abschnitten (s. S. 51) beschrieben, kann diese kindliche Konsumsucht auch eine Grundlage für Gewalt und Kriminalität darstellen.

Somit kann Fernsehen durch Beeinträchtigung der schulischen Leistungen, durch Beeinträchtigung der Fantasie-Entwicklung, durch Beeinträchtigung der Sprachentwicklung, durch Förderung von Gewaltnachahmung, durch Förderung der Konsumhaltung in unserer Gesellschaft ein nicht unerheblicher Wegbereiter für Gewalt sein.

Zusammenfassende Hinweise

Fernsehen sollte nicht verboten, aber wohl überlegt konsumiert werden. Wählen Sie zusammen mit Ihrem Kind über einen überschaubaren Zeitraum (z. B. eine Woche) einzelne Filme aus, die angesehen werden dürfen. Sehen Sie sich, wenn möglich, diese ausgewählten Sendungen mit Ihrem Kind gemeinsam an, besprechen Sie anschließend das gemeinsam Gesehene, um es zu verarbeiten.

Sie können z. B. ein Fernsehzeitkonto verabreden. Ein Fernsehzeitkonto von vielleicht sieben Stunden in der Woche könnte von den Kindern je nach den eigenen Interessen und Wünschen verbraucht werden. Ist am Sonntag zum Beispiel mal schlechtes Wetter und es werden drei Stunden Fernsehzeit verbraucht, so bleiben für die restlichen sechs Tage der Wochen jedoch nur noch vier Stunden. Dieses Vorgehen führt dazu, dass Fernsehen wesentlich bewusster eingesetzt wird.

Diskutieren Sie mit Ihren Kindern Alternativen zum Fernsehen: Spiele, Lesen, Sport oder Basteln. Animieren Sie Ihre Kinder zum Lesen und lesen Sie kleinen Kindern täglich aus Kinderbüchern vor.

Gewalt- und Actionfilme, Horrorfilme oder Pornofilme dürfen Kinder nicht sehen. Sollten solche Filme allerdings zu Ihrer eigenen tagtäglichen Lieblingsbeschäftigung als Eltern zählen, so müssen Sie sich dringend Gedanken machen, wie es dazu kommt. Versuchen Sie, sich auch im Interesse Ihrer Kinder beratende Hilfe im Gespräch (z. B. Erziehungs- und Lebensberatungsstellen) zu holen. Das oben Gesagte gilt auch für Computerspiele, andere Bildschirmspiele oder für das Internet-Surfing. Auch hier bewähren sich »Bildschirm-Zeitkonten«. Gewalttätige oder pornografische PC-Spiele oder Internet-Inhalte müssen für Ihre Kinder tabu sein. Das müssen Sie kontrollieren.

Versuchen Sie, Werbespots von Ihren Kindern weitest gehend fernzuhalten. Sie könnten die Werbepausen z. B. für ein Gespräch mit Ihren Kindern nutzen. Reden Sie mit Ihren Kindern über die oft unehrlichen Botschaften, die durch Werbung vermittelt werden. Leben Sie Ihren Kindern vor, dass man, auch ohne der Konsumsucht verfallen zu sein, zufrieden sein kann.

Was heißt eigentlich Erziehung?

Um zu gemeinschaftsfähigen Menschen zu werden, müssen Kinder bei ihren Eltern eine Liebe und Wärme ausstrahlende Grundatmosphäre erleben. Von hier aus sollen klare Regeln vorgelebt und vermittelt werden.

Die große Verantwortung von Eltern und allen Erziehenden

Erzieherischer Umgang mit Kindern ist zu einem guten Teil erlernbar. Leider wird dieser Erkenntnis in unserem Gesellschaftssystem bis heute nur wenig Beachtung geschenkt. Elternkurse, in denen Eltern sowohl im Gespräch als auch in der praktischen Anleitung über Jahre begleitet werden, gibt es allenfalls als Modellprojekte. Als begleitende Schulung für alle Eltern gibt es solche Angebote nicht. Die Möglichkeit der routinemäßigen Kontaktaufnahme zu jungen Eltern bei jedem neugeborenen Kind durch gesellschaftliche Betreuungsstellen wie z. B. Familienberatungsstätten existiert leider ebenfalls nicht.

Erziehen lässt sich lernen!

Erziehung bedeutet, dass das Kind von lebenserfahreneren erwachsenen Bezugspersonen liebevoll, aber bestimmt und konsequent in die Regeln des gemeinsamen Zusammenlebens eingeführt wird. Die notwendigen Einschränkungen des Einzelnen lassen sich als Regeln des Zusammenlebens formulieren. Diese Regeln müssen von Ihnen als Eltern im Erziehungsprozess rechtzeitig bedacht, im familiären Einverständnis formuliert und in der Folge auch durchgesetzt werden. Es gibt keine grenzenlose Freiheit. Die Freiheit des Einzelnen hört dort auf, wo diese Freiheitsbestrebungen die Freiheit des Nächsten beeinträchtigen. Regeln sind also für ein reibungsarmes menschliches Zusammenleben unbedingt notwendig. Und Regeln können auch schon von kleinsten Kindern gelernt werden, unter zwei Voraussetzungen: Erzieherische Einschränkungen müssen kindgerecht und dem Alter des Kindes angepasst sein. Und sie müssen gerecht und fair und im Laufe der Zeit mit reifendem Verstand für das Kind auch verstehbar und akzeptierbar sein.

Das bedingungslose autoritäre oder gewaltsame Unterbinden von kindlichen Erkundungen erzeugt beim Kind Ärger und Frustration (s. *Frustrations-Aggressions-Theorie*, S. 32). Somit ist dieser autoritäre »Erziehungsstil« gewaltfördernd. Das grenzenlose Gewährenlassen des kleinen Kindes mit den möglichen Folgen von Chaos und Zerstörung erzeugt jedoch bei den gutmütigsten Eltern mit der Zeit ebenfalls Anspannung und Ärger.

Diese »gutmütigen« Eltern wollen ihren Ärger oft nicht zulassen. Dadurch verstärkt sich jedoch nur der innere Druck. Die Gefahr von aggressiven Ausbrüchen der Eltern, wenn irgendein Tropfen das Fass zum Überlaufen gebracht hat, ist gegeben. Zusätzlich besteht die Gefahr, dass der ständige untergründige Ärger zur Ablehnung des Kindes führt, welche das Kind sehr wohl spürt.

Des Weiteren hat ein grenzenlos aufwachsendes Kind keine Chance, wichtige Regeln des Zusammenlebens zu erlernen (fehlendes Vorbild und Modell). Spätestens beim Kontakt mit anderen Menschen außerhalb der Familie kann es dazu kommen, dass sich diese Menschen durch das grenzenlos handelnde Kind schnell in ihren eigenen persönlichen Grenzen verletzt fühlen. Dadurch besteht die Gefahr, dass dieses Kind ebenfalls wieder Ablehnung und Frustration erfährt. Somit zeigt sich, dass auch ein grenzenloser »Erziehungsstil« gewalt- und aggressionsfördernd wirken kann.

Freiheit lassen, Grenzen ziehen

Das Kind muss auf der einen Seite bestimmte Regeln und Grenzen kennen und auch einhalten, damit seine Mitmenschen nicht unter ihm leiden müssen. Es muss die Rechte des anderen respektieren lernen und in diesem Sinne wohlwollend, aber klar und bestimmt eingeschränkt werden. Dem Kind muss andererseits das wichtige Recht zugebilligt werden, sich auszuprobieren, seine Umwelt zu erkunden und auch zu lernen, an die Grenzen des anderen zu stoßen. Es darf

Es gibt kein Zusammenleben ohne Regeln.

Niemand ist eine Insel.

63

also nicht zu sehr eingeschränkt und behindert werden, weil es sonst innerlich verkümmert. Die Regeln des Zusammenlebens und die Mittel und Wege der kindlichen Förderung einerseits und der kindlichen Einschränkung andererseits müssen rechtzeitig bedacht werden. Erziehung sollte einen Weg gehen, der das Kind ermutigend und fördernd begleitet, der es seine Freiheit erkunden lässt, der andererseits aber auch die Grenzen im Leben aufzeigt.

Grundregeln des Zusammenlebens

Über die Regeln des menschlichen Zusammenlebens lässt sich sicher diskutieren und streiten. Die Regeln können in jeder Familie etwas anders aussehen. Trotzdem gibt es Grundpfeiler für die Regeln menschlichen Zusammenlebens.

Achtung vor Dingen.

Natürlich gehört Zerstören und Auseinandernehmen von Dingen auch zum gesunden Erkundungsdrang junger Kinder. Aber ein Kind muss lernen, Gegenstände und seine Umgebung nicht mutwillig und sinnlos zu zerstören.

Beispiele: Wenn aufeinander gesteckte Duplo- oder Legosteine lustvoll weggeworfen werden und dabei auseinander springen, so kann das eine wertvolle Lebenserfahrung für junge Kinder sein.
Wenn jedoch Papas Brille verbogen wird oder Nachbars Blumen aus dem Blumenbeet herausgerupft werden, so handelt es sich dabei zwar auch um wichtige Lebenserfahrungen (möglicherweise ohne Schädigungsabsicht), andererseits aber auch um eine eindeutige Grenzüberschreitung gegenüber anderen Menschen und Dingen, die diesen Menschen gehören.

Diese Grenze ist nicht immer klar umrissen, es ist jedoch wichtig, dass Kinder lernen, auch die Unversehrtheit materieller Dinge ihrer Umgebung zu respektieren. Wenn Kinder schon frühzeitig Achtung auch vor unbelebten Gegenständen und Dingen ihrer Umgebung erlernen, ist es ihnen später möglich, Achtung vor Umwelt und Natur zu haben.

Schutz vor Gefährdung.

Das Kind sollte davor geschützt werden, sich selbst zu gefährden.

> **Beispiel:** *Es ist als selbstverständlich anzusehen, dass ein kleines Kind unbedingt daran gehindert werden muss, auf eine stark befahrene Straße zu laufen.*

Achtung vor den Rechten anderer.

Ein Kind muss lernen, das Recht anderer Menschen auf Unversehrtheit zu respektieren.

> **Beispiel:** *Der 2-Jährige auf dem Spielplatz muss lernen, andere Kindern nicht mit einer Sandschaufel auf den Kopf zu schlagen.*

Regeln einhalten heißt nicht unfrei leben

Wahrhaftigkeit und Fairness.

Zur Erleichterung menschlichen Zusammenlebens haben Menschen im Laufe der Jahrtausende zwischenmenschliche Werte entwickelt. Zu diesen Werten gehören der Respekt vor sich selbst und vor anderen, Wahrhaftigkeit, Ehrlichkeit, Fairness, Verantwortungsbewusstsein, Mitgefühl und Einfühlungsvermögen, Dankbarkeit, Freundschaft und Friedfertigkeit. Diese Werte können nicht aufgezwungen werden. Ein solches Vorgehen würde dem Inneren dieser Werte widersprechen. Diese Werte können und müssen zwar immer wieder im Erziehungsprozess angesprochen werden, das Wesent-

Liebevolle Konsequenz tut Not.

liche ist jedoch, dass wir Eltern sie vorleben. Die Sinnhaftigkeit eines solchen Wertesystems kann sich jeder vor Augen führen, indem er sich klarmacht, dass es auch für ihn persönlich am angenehmsten ist, freundlich und respektvoll behandelt zu werden, nicht belogen zu werden, bei Schmerz und Trauer einen aufrichtig mitfühlenden Menschen an seiner Seite zu haben und sich auf Freundschaft verlassen zu können. Die Verinnerlichung zwischenmenschlicher Werte macht nicht unfrei, sondern befähigt erst zum freiheitlichen, verantwortungsvollen Umgang miteinander.

> **Beispiel:** *Ein 9-jähriger Junge stiehlt seiner Mutter immer wieder Geld aus der Geldbörse. Auch als die Mutter das Geld schließlich in seiner Schultasche findet, leugnet er, das Geld gestohlen zu haben. Er behauptet, das Geld habe seine Schwester entwendet. Diese wiederum schiebt die Schuld auf ihren Bruder. Die Mutter versucht nicht, den Sachverhalt zu klären, sondern verhängt eine strenge Strafe, nämlich das, was sie gerne als Strafe verhängt: Stubenarrest für eine Woche. Diese Strafe gilt für beide Kinder, obwohl ein Kind unschuldig war. Am nächsten Tag verlassen die Kinder trotzdem das Haus zum Spielen, die Mutter greift nicht ein.*

In diesem Beispiel zeigt sich, dass in der betreffenden Familie ein Klima der Unaufrichtigkeit herrscht. Mindestens ein Kind stiehlt, die Mutter weiß nicht, wem sie glauben soll, sie legt Gleichgültigkeit bezüglich der Aufklärung der Tat an den Tag. Diese Gleichgültigkeit entspricht einer Respektlosigkeit dem unschuldigen Kind gegenüber. Stattdessen verhängt sie eine überzogene Strafe, die inhaltlich mit dem Vergehen nichts zu tun hat. Das muss selbst vom schuldigen Kind als unfair er-

66

lebt werden. In einem weiteren Schritt wird die von der Mutter angekündigte Strafe nicht konsequent durchgezogen. Damit macht sich die Mutter ihren Kindern gegenüber selbst unglaubwürdig.

Somit ist es verständlich, dass die Kinder auch in Zukunft Unaufrichtigkeit gegenüber anderen Menschen praktizieren werden. Denn ihre Mutter lebt es ihnen ja nicht anders vor.

Werden diese oben aufgezählten, positiven Werte nicht von uns Eltern vorgelebt, so kann dadurch einer aggressiven, kriminellen Entwicklung Vorschub geleistet werden.

Beziehungsunfähigkeit und ihre Folgen

Die Fähigkeit, eine liebevolle und tragfähige Beziehung zu knüpfen, ist manchen Eltern nicht gegeben. Beziehung zu erlernen ist nicht so leicht möglich wie Erziehung zu erlernen.

Die Fähigkeit, Beziehungen aufzubauen, ist immer sehr eng mit der eigenen Lebensgeschichte des Betroffenen verbunden. Jemand, der als Kind selbst Wärme, Nähe und Freundlichkeit gespürt hat, hat dadurch gelernt, vertrauensvolle Beziehungen zu anderen Menschen zu entwickeln. Dieser Mensch hatte sozusagen das unendliche Glück, ein gesundes Urvertrauen zu entwickeln.

Das Urvertrauen wird in der frühen Kindheit erworben.

Menschen, die als Kinder selbst nur Kälte, Angst und Unzuverlässigkeit erlebten, konnten schon als Kinder kein Urvertrauen zu ihren Bezugspersonen entwickeln. Eine befriedigende Beziehungsfähigkeit lässt sich im Erwachsenenalter nicht einfach erlernen. Bei gestörter Beziehungsfähigkeit kann bei entsprechender Motivation des Betroffenen jedoch eine psychotherapeutische Behandlung hilfreich sein.

In den folgenden Kapiteln wird erläutert, was Kinder in verschiedenen Altersstufen wahrnehmen und empfinden, welche natürlichen Bedürfnisse sie haben und welche Konsequenzen sich daraus für den Umgang mit ihnen ergeben. Vielleicht wird Ihnen dadurch das Einfühlen in Ihr Kind im jeweiligen Lebensalter erleichtert.

Die folgenden Kapitel enthalten alltägliche Konfliktsituationen. Viele dieser Situationen werden Sie aus Ihrem Alltag kennen. Vielleicht sind Sie sogar schon einmal an einer oder der anderen Situation schier verzweifelt.

Ich möchte Ihnen Vorschläge unterbreiten, mit deren Hilfe Sie solche Konfliktsituationen ohne zerstörerische Gewalt durchleben können, d. h. ohne ein problematisches elterliches »Erziehungsverhalten«, das bei dem Kind eine aggressive Verhaltensstörung auslöst.

Das erste Lebens-
jahr

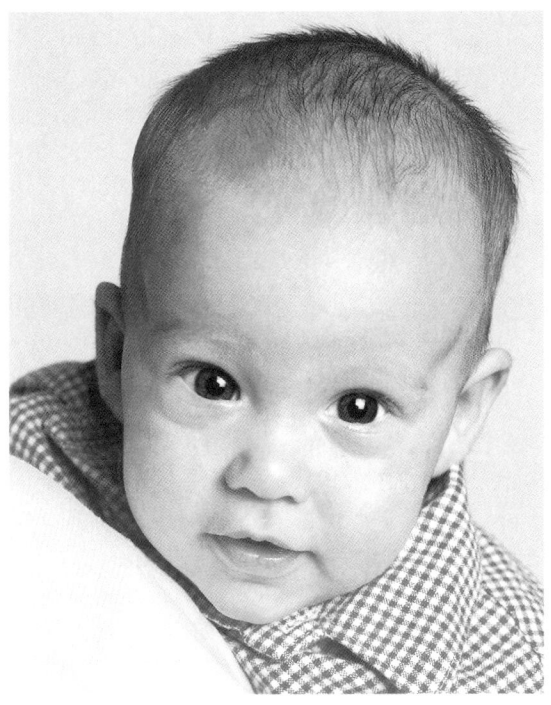

Im ersten Lebenshalbjahr braucht Ihr Kind »nur«
Wärme, viel körperliche Nähe, Zärtlichkeit,
Ansprache, Gestreicheltwerden, Getragenwerden
und natürlich die ganz normale körperliche
Versorgung in Form von Füttern und Säubern.

Was erlebt das Kind?

Die elementaren Bedürfnisse: Nähe, Wärme und Geborgenheit.

Babys können von Anfang an sehen, hören, riechen, schmecken. Diese Fähigkeiten reifen mit der Zeit weiter aus. Auf das Schreien der Babys sollten Eltern immer reagieren. Schreien kann nicht nur Hunger oder Schmerz signalisieren, sondern auch Einsamkeit oder Langeweile ausdrücken. Mit etwa vier Monaten beginnen Kinder zu greifen, sie führen ergriffene Gegenstände zum Mund, um ihre Umgebung mit Händen und Mund kennenzulernen. Mit sechs bis sieben Monaten drehen sich die Kinder auf den Bauch, beginnen allmählich zu robben und mit neun bis zehn Monaten zu krabbeln. Das freie Laufen lernen die Kinder etwa mit einem Jahr.

Anfangs sind die Babys also absolut hilflos. Mit sechs bis acht Monaten lernen sie, sich »fortzubewegen«, und beginnen somit ihrer Hilflosigkeit zu entwachsen. Es erwacht ein ausgeprägter Erkundungsdrang. Auch Denkvorgänge reifen allmählich beim Baby heran. Mit etwa acht bis neun Monaten lernen die Kinder, dass Personen oder Gegenstände auch dann noch existieren, wenn sie diese nicht sehen (*Objektpermanenz*). Auch dieses ist ein wichtiger Entwicklungsschritt aus der allgemeinen Hilflosigkeit. Vorher sind die Kinder für ihr Wohlbefinden auf ganz engen Kontakt zu ihren Eltern angewiesen, sie müssen getragen werden (*»Traglinge«*), um die Welt auf dem sicheren Arm ihrer Bezugspersonen kennenzulernen und Vertrauen aufzubauen.

Das Gespräch mit und ohne Worte

Muttersprache und Fremdeln.

Sprache lernen die Kinder vom ersten Lebenstag an durch Hören und allmähliches Nachahmen, sodass das Kind mit etwa einem Jahr die ersten Worte sprechen kann. Je größer die Erfahrung des Kindes in der vorsprachlichen Kontaktaufnahme zu seinen Eltern ist, desto intensiver erlebt es sodann einen Fremden, der diese ganz persönliche »Sprache« zwischen Eltern und Kind nicht beherrscht, als fremd. Dieses empfundene Fremdsein macht dem Baby von acht bis neun Monaten Angst. Es tritt die so genannte Acht-Monats-Angst oder das »Fremdeln« auf. Bei manchen Kindern kommt es sogar früher zu diesem Fremdeln. Mit zunehmender Fähigkeit, sich sprachlich verständlich zu machen, verschwindet diese Angst dann wieder.

Durch Untersuchungen des Gefühlsausdrucks im menschlichen Gesicht konnte erkannt werden, dass Gefühle wie Ekel, Überraschung und Neugier schon im ersten Lebensmonat empfunden werden können. Spätestens mit sechs Wochen lässt sich bei den Babys auch Freude beobachten. Gefühle wie Traurigkeit und Ärger sind im Alter von drei bis vier Lebensmonaten spürbar. Furcht lässt sich schon bei sechs Monate alten Kindern beobachten. Im Alter von sieben bis neun Monaten beginnt das Kind zu entdecken, dass es Gefühle mit anderen teilt und sich zu diesem Zweck anderen durch Gestik, Mimik und Blickkontakt auch mitteilen kann. Es entwickelt sich beim Baby allmählich ein Gefühl für sich selbst. Mit zunehmender Bewegungsentwicklung empfindet sich das Kind als »wirkmächtig«. Es ist in der Lage, etwas zu bewirken, und fühlt sich toll und grandios, wie das Zentrum der Welt.

Wenn alles gut geht: das Ich als Zentrum der Welt.

Das Urvertrauen

Das Baby ist anfangs ein hilfloses, auf eine liebevolle, pflegende, fütternde und einfühlende Bezugsperson – in der Regel die Eltern – angewiesenes Wesen. Es ist von der Verlässlichkeit seiner Eltern abhängig. Werden Babys im Hunger, im Schmerz, in der Traurigkeit oder in der Einsamkeit lange allein gelassen, so kann dieses schon sehr früh zu verunsichernden Erschütterungen führen. Das Baby ist dann nicht in

Wenn das Vertrauen fehlt: Wie soll das Ich sich entwickeln?

71

der Lage, ein grundlegendes Vertrauen in seine Mitmenschen zu entwickeln. Diese Vertrauenserschütterung führt auch zu einer Beeinträchtigung der Entwicklung des Vertrauens in sich selbst. Mangelhaftes Selbstvertrauen führt über eine erhöhte Anfälligkeit gegenüber Frustrationen oder über den Versuch, sich mit auffälligem Verhalten Aufmerksamkeit zu erobern, nicht selten zu aggressiven Verhaltensstörungen.

Beziehung und Erziehung im ersten Lebensjahr

Ideal: Wärme, Echtheit, Stabilität.

Für das Kind ist es wichtig, dass die Beziehung zu seinen Eltern einen freundlichen und warmen Charakter hat. Die Grundatmosphäre in der Eltern-Kind-Beziehung sollte positiv sein. Das heißt nicht, dass die Erwachsenen im Umgang mit dem Baby immer nur lächeln müssten und freundlich und zärtlich zu sein hätten, auch wenn ihnen in der Tiefe ihres Herzens nicht danach ist. Wenn Sie nur Freundlichkeit vorspielen und im Inneren vor Wut kochen, so wird dieser Unterschied vom Baby sehr wohl wahrgenommen und kann zu einer Verunsicherung des Kindes beitragen. Eine gute Beziehung hat etwas mit gefühlsmäßiger Ehrlichkeit und Echtheit zu tun. Man darf als Eltern auch mal genervt und ärgerlich sein, man darf sich auch einmal zurückziehen, um »tief durchzuatmen« und wieder zu Kräften zu kommen.

Wie weit dürfen Eltern negativen Gefühlen nachgeben?

Denn die für ein Baby so wichtige liebevolle Zuwendung kann natürlich sehr kräftezehrend sein. Wenn Ärger, Verzweiflung und Rückzugswunsch jedoch zu einem elterlichen Dauerzustand werden und die elterlichen positiven Gefühle zum Baby zeitlich kaum noch auftreten, dann besteht die Gefahr, dass sich eine gestörte Beziehung mit all den Gefahren, die daraus erwachsen, entwickelt. Auch negative elterliche Gefühle gegenüber dem Kind haben ihren Hintergrund. Diese negativen Gefühle dürfen jedoch nicht direkt gegenüber dem Kind ausgelebt werden. Ein Baby darf nicht geschlagen werden, ein Baby sollte nicht angeschrien werden, ein Baby sollte nicht stundenlang schreiend liegengelassen werden, ein Baby sollte nicht allein gelassen werden.

Der veränderte Lebensstil junger Eltern

Mit Ankunft eines Babys in einer Familie ändert sich schlagartig der gesamte Lebensablauf, auch die Partnerschaft zwischen Mann und Frau wird dadurch verändert. Junge Mütter geraten leicht in eine Situation der Überforderung, wenn sie all ihre Aufgaben perfekt lösen wollen. Ein perfekter Haushalt lässt sich mit einem jungen Baby nicht führen. Daher ist es wichtig, dass beide Elternteile akzeptieren, dass nunmehr das Baby die Hauptperson ist und die Hauptaufgabe für beide darstellt. Vor allem junge Väter müssen lernen, Verständnis dafür aufzubringen, dass der Lebensablauf anders ist als vorher. Der Haushalt muss zur Nebensache erklärt werden. Selbst die Beziehung zwischen Mann und Frau tritt oft in den Hintergrund.

Väter müssen mehr dazulernen.

Ein Baby braucht in seiner Hilflosigkeit in den ersten sechs bis acht Lebensmonaten ständig das Gefühl, nicht allein zu sein, umsorgt zu sein, sicher und geborgen zu sein. Da Babys viel schlafen, sollte man sich über den Schlafplatz rechtzeitig Gedanken machen. Es ist gut, wenn Ihr Kind in den kurzen zwischenzeitlichen Phasen des Erwachens bis zum erneuten Einschlafen spürt, dass es nicht allein ist. Das lässt sich dadurch gewährleisten, dass Ihr Kind tagsüber dort schläft, wo Sie sich auch aufhalten, oder dass Sie beim Erwachen (Weinen) rasch zum Baby hingehen, um es zu trösten und ihm zu zeigen: »Du bist nicht allein«. Auch für den Nachtschlaf ist es förderlich, wenn das Baby in der Nähe seiner Eltern ist. Es

Das Wichtigste in den ersten Monaten: Geborgenheit.

73

könnte z. B. im gleichen Zimmer schlafen, vielleicht in einem separaten Bettchen, vielleicht im Elternbett.

Sollte sich dadurch jedoch das Gefühl des inneren Drucks oder eine Spannung zwischen den Eltern entwickeln, so müssen andere Formen des Einschlafens und Durchschlafens gefunden werden. Zum Beispiel kann man Babys durchaus in einer liebevollen Art dazu bringen, im eigenen Zimmer zu schlafen, ohne dass dadurch bedrohliche Ängste hervorgerufen werden (Kast-Zahn 1995). Allerdings sollte dieser Versuch erst dann unternommen werden, wenn die Babys im Rahmen ihrer Bewegungsentwicklung die Phase ihrer Hilflosigkeit überwunden haben und die Objektpermanenz erreicht ist, also mit etwa acht Monaten.

Zärtlichkeit ist wichtiger als Nahrung

Nähe, Streicheln, Stillen, Tragen.

Wenn Ihr Baby weint, heißt das nicht direkt, dass es Hunger hat. Wenn Sie Ihr Baby hochnehmen, trösten Sie es zuerst mit Ihrer körperlichen Zärtlichkeit. Körperliche Nähe, Streicheln und Massage sind sehr wichtige Erlebnisse für Ihr kleines Kind. Erst wenn es sich dadurch nicht beruhigen lässt und Sie sich weiterhin unsicher über die Ursache des Schreiens sind, erst dann sollten Sie Nahrung anbieten, am besten durch Stillen an der Brust, da Stillen auch für die Beziehung zwischen Mutter und Kind förderlich ist. Falls Sie jedoch nicht stillen können, ist das zwar schade, aber nicht tragisch, da es unter ernährungsphysiologischen Gesichtspunkten heutzutage gute Alternativen zur Muttermilch gibt.

Es ist jedoch nicht gut, wenn Ihr Baby bei jedem Weinen oder Schreien zuerst die Flasche in den Mund gesteckt bekommt, ungeachtet der Tatsache, ob es wirklich Hunger hat. Da Babys immer ein großes Saug- und Nuckelbedürfnis haben, wird Ihr Kind auch an der angebotenen Flasche trinken, ohne wirklich hungrig zu sein – obwohl es sich vielleicht nur einsam oder traurig fühlte. Wenn Ihr Kind ständig die Erfahrung macht, bei seelischer Not mit Nahrung getröstet zu werden, so kann der Grundstein für spätere Essstörungen mit Übergewicht gelegt werden.

Erkundungsdrang

Ab dem sechsten bis achten Lebensmonat macht die Bewegungsentwicklung rasche Fortschritte. Dadurch vermindert sich allmählich der Grad der Hilflosigkeit des Kindes. Der Erkundungsdrang nimmt zu. Die Fähigkeit, mit den bekannten Bezugspersonen in Kontakt zu treten, ist vielgestaltiger. Kinder bauen zunehmend Erwartungshaltungen auf und wissen allmählich schon im Voraus, was sie zu bewirken imstande sind und wie sie bestimmte Ziele, z. B. ein entfernt stehendes Spielzeug gereicht zu bekommen, erreichen können. Mit ihrem motorischen Erkundungsdrang machen die Kinder zunehmend die Umgebung »unsicher«. Das Kind stößt zunehmend an die Grenzen anderer Menschen, die diese jedoch nicht überschritten wissen wollen. Das heißt: Ab dem achten Lebensmonat können die ersten behutsamen erzieherischen Beeinflussungen des Kindes notwendig werden.

Das Kind wird mobil – und muss sich erstmals anpassen.

> **Beispiel:** *Ein 11 Monate alter Junge kratzt mit einem Spielzeugauto aus Metall über einen niedrigen Beistelltisch aus Holz. Er freut sich unbändig über die »schönen« kratzenden Geräusche, die Mutter erschrickt jedoch über die aus ihrer Sicht nicht akzeptablen Kratzspuren auf der Tischplatte.*

Für die Mutter ist in diesem Beispiel eine Grenze überschritten. Sie könnte in dieser Situation z. B. folgendermaßen reagieren: Sie geht sofort zu ihrem Kind, kniet sich neben ihm nieder, nimmt seine Händchen, schaut ihm in die Augen und

sagt: »Ich möchte nicht, dass du mit dem Auto den Tisch zerkratzt. Dadurch geht die Platte kaputt.« Danach nimmt sie ihr Kind auf den Arm und geht mit ihm in eine andere Ecke des Zimmers, setzt den kleinen Jungen auf den Teppichboden, und dort kann er sein Spiel mit dem Auto fortsetzen.

Die Ich-Botschaft

Dadurch hat die Mutter dem Kind mit einfachen Worten mitgeteilt, dass sie sein Verhalten nicht akzeptiert. Sie teilte dieses dem Kind in Form einer sogenannten »Ich-Botschaft« mit: »Ich möchte nicht, dass du mit dem Auto den Tisch zerkratzt.« Durch eine Ich-Botschaft wird eine Beziehung zum Kind hergestellt. Dieses Vorgehen ist besser als allgemein kritisierende Äußerungen wie z. B.: »Das darf man nicht« oder »Du bist aber böse«. Derartige allgemeine Kritik baut eher Distanz zum Kind auf. Denn die damit verbundene gereizte Stimmung wird von dem kleinen Kind sehr wohl verstanden, auch wenn es die Worte noch nicht im Detail versteht.

Wie spricht man Regeln aus?

Grundsätzlich ist es immer gut, schon bei den kleinsten Kindern eine erzieherische Einschränkung des Kindes mit Sprache zu begleiten. Die Eltern sollten mit einfachen, klaren, eindeutigen und bestimmten Worten ihr Vorgehen erläutern. Die Atmosphäre, die von diesen Worten ausgeht, sollte jedoch, wenn möglich, freundlich sein. Selbst ein klares, eindeutiges, bestimmtes »Nein« kann von einer »freundlichen«, das Kind grundsätzlich akzeptierenden Atmosphäre begleitet sein. Im oben genannten Beispiel hat die Mutter das problematische Verhalten des Kindes sofort unterbrochen, hat ihm aber im Anschluss direkt eine Alternative angeboten. Das Kind konnte auf dem Teppichboden weiter mit dem Auto spielen und das Auto erkunden und erproben. Damit ist das für die Mutter problematische Verhalten unterbunden worden, ohne dass das grundsätzliche Bedürfnis nach Erkundung und

Das versteht jedes Kind!

Ausprobieren zu sehr beschnitten wurde. Dadurch lernte das Kind einerseits, dass dies eine von der Mutter nicht akzeptierte Situation war, andererseits, dass sein Erkundungsverhalten jedoch grundsätzlich akzeptiert wird.

Wie hilft man einem wütenden Baby?

Sollte die in diesem Beispiel erfolgte Frustration des Kindes jedoch so stark gewesen sein, dass es trotz des Alternativangebotes in heftige Wut gerät (meist erst ab etwa 18. Lebensmonat zu beobachten), so muss dem Kind in dieser Situation beigestanden werden. Das wütende, zornige, schreiende Kind ist kein »böses« Kind, sondern ein hilfloses Kind, welches durchaus verständlich im Rahmen seiner Frustration reagiert (s. *Frustrations-Aggressions-Theorie*, S. 32). Ein hilfreiches elterliches Verhalten in dieser Situation wäre, das Kind auf dem Arm oder auf dem Schoß zu halten und ihm mit Worten beizustehen (s. *Festhalten*, S. 98).

Zusammenfassende Hinweise

Versuchen Sie vom ersten Lebenstag an, aktiv Kontakt zum Kind herzustellen. Sprechen Sie oft mit Ihrem Baby. Scherzen und lachen Sie täglich ausgiebig mit ihm, liebkosen Sie es, streicheln und massieren Sie es und tragen Sie Ihr Kind, so oft es Ihnen möglich ist.

Gerade auch die Väter sollten lernen, einen liebevollen Kontakt zu ihrem Baby zu entwickeln. Sollten bei körperlicher Nähe mit Ihrem Kind bei Ihnen erotische Gefühle auftreten, so ist dies nichts Absonderliches. Sie müssten jedoch in dieser Situation für sich eine klare Grenze setzen. Sexueller Missbrauch entsteht, wenn Sie gezielt Ihre eigene erotische und genitale Erregung durch Kontakt mit Ihrem Kind hervorrufen wollen. Dann wäre es wichtig, dass Sie sich umgehend psychologische oder psychotherapeutische Hilfe holen.

Wenn negative Gefühle gegenüber dem Kind auftreten, so wäre die »gute« Art damit umzugehen, dass Sie sich Hilfe von anderen Menschen holen. Sprechen Sie über Ihre Wut und Ihren Ärger und Ihren Frust mit Ihrem Partner bzw. mit Ihrer Partnerin,

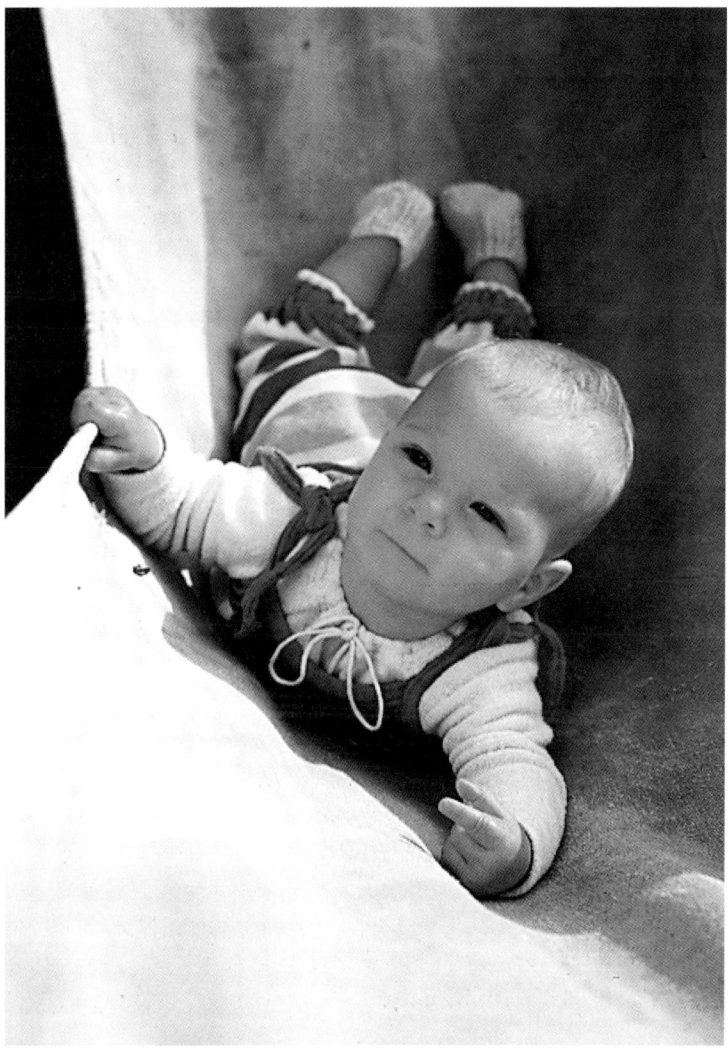

sprechen Sie darüber mit Freunden, Verwandten, holen Sie sich tatkräftige Unterstützung anderer Erwachsener Ihres Vertrauens, die auch mal ein oder zwei Stunden Ihr Baby »übernehmen« können, damit Sie wieder Gelegenheit haben, »Luft zu holen«. Dadurch kann diese wichtige freundliche und positive Grundatmosphäre erhalten werden.

Ab etwa dem siebenten bis achten Lebensmonat entwickelt sich das Kind zunehmend aus seiner anfänglichen Hilflosigkeit heraus. Es zeigt einen natürlichen Erkundungsdrang sowie das Gefühl, im Mittelpunkt der Welt zu stehen. Daraus können sich die ersten Reibereien und Konflikte mit den Eltern ergeben, vielleicht werden die ersten erzieherischen Maßnahmen notwendig.

Seien Sie liebevoll-konsequent, versuchen Sie, das Kind in seinen »Babybedürfnissen« zu verstehen, halten Sie es, wenn nötig, liebevoll-tröstend in seiner Not. Bedenken Sie: Ihr Baby will Sie nicht ärgern. Grundsätzlich ist der erwachende Erkundungsdrang für das Kind wichtig und normal.

Sie sollten nur dann bremsend eingreifen, wenn das Kind zerstörerisch wird, wenn es sich selbst gefährdet oder anderen Menschen Schmerz oder Stress bereitet. Überlegen Sie immer, ob eine Grenzsetzung im einzelnen Fall notwendig ist, denn Einengung macht auch aggressiv.

Bedenken Sie jedoch, dass die Erkundungsfreiheit für Ihr Baby in Ihrer Wohnung anders sein kann als in öffentlichen Bereichen oder in den Wohnungen anderer Menschen, die Sie z. B. mit Ihrem Kind besuchen. Die jeweiligen individuellen Grenzen anderer Menschen muss Ihr Kind respektieren lernen. Ihre eigene Wohnung sollten Sie kleinkindgerecht gestalten, sodass nicht überall Gefahrenquellen lauern und Sie nicht ständig hinter Ihrem Kind herlaufen, damit nichts für Sie Wertvolles zerstört wird. Eltern müssen lernen, die erkundende Aktivität ihres Kindes mit einer gewissen Gelassenheit zu akzeptieren.

Das zweite und dritte Lebensjahr

Je vertrauter dem Kind seine Umgebung jetzt ist, desto mutiger wird es und desto einfacher gelingt ihm die Loslösung.

Was erlebt das Kind?

Je größer die Geborgenheit, umso leichter die Expansion.

Normalerweise wird zwischen dem 12. und dem 14. Lebensmonat das freie Laufen erlernt. Das Laufenkönnen stärkt den natürlichen Drang zur Erkundung. In diesem Alter konkurrieren im Kind zum einen das Bedürfnis nach Bindung an seine Bezugsperson und zum anderen das Bedürfnis nach Erkundung und in diesem Moment auch Loslösung von eben dieser Bezugsperson. In vertrauter Umgebung überwiegt meistens der Erkundungsdrang. In neuer, unvertrauter, verunsichernder Umgebung gewinnt das Bedürfnis nach Bindung die Oberhand. Plötzliche Trennung und Verlust der Bezugsperson, vor allem in unvertrauter Umgebung, gehört zu den furchterregendsten aller Erfahrungen eines einjährigen Kindes.

Der fragende Blick

Bezugspersonen sind »Häfen der Sicherheit«.

Gegen Ende des ersten Lebensjahres beginnt das Kind, in verunsichernden Situationen seine Mutter oder eine andere wichtige Bezugsperson anzuschauen, um zu sehen, wie diese die Situation beurteilt. Das Kind ist schon mit zehn bis zwölf Monaten in der Lage, über Blickkontakte den Gefühlszustand seiner Bezugsperson zu erforschen. Diese Fähigkeit des Kindes gibt ihm Sicherheit und erleichtert ihm die Entscheidung zur zeitweisen Loslösung auf seinen »Erkundungszügen«. Im Moment der Verunsicherung, wenn es sich zu weit entfernt hat oder unklare neue Eindrücke auf das Kind einströmen, braucht es die Möglichkeit, schnell zurück zu Mutter oder Vater zu laufen, um sich wieder das Gefühl der Sicherheit und Geborgenheit zu holen. Wenn sich ein Kind von seinen Eltern geachtet und wertgeschätzt fühlt, kann es Achtung und Wertgefühl sich selbst gegenüber entwickeln. Dieses wichtige positive Selbstwertgefühl ist andererseits wiederum die Voraussetzung, andere Menschen wertzuschätzen und zu achten.

Berührungsgefühle werden über unsere Haut aufgenommen und dringen beruhigend von der Oberfläche nach innen. Die beste Körperhaltung zur Vermittlung eines Bindungsgefühls beim Menschen ist die direkte Bauch-Bauch-, Brust-Brust-Berührung. Der Kopf des einen liegt an Schulter und Nacken des anderen. Dieses Verhalten lässt sich nicht nur beim Menschen, sondern auch bei allen Menschenaffen beobachten. Während in den ersten neun Lebensmonaten die Entwicklung der Bewegung immer wieder über das Sehen kontrolliert wurde (sensomotorische Phase), lernt das Kind ab Ende des ersten Lebensjahres und vor allem im zweiten Lebensjahr, Bewegungen auch ohne die Kontrolle seiner Augen nachzuahmen, Körpersprache und Mimik zu imitieren und sich damit allmählich auch in andere Menschen hinein zu fühlen. Diese Entwicklung führt dazu, dass das Kind immer besser zwischen »Ich« und »Du« unterscheiden kann.

Nichts gibt so viel Sicherheit wie die Berührung.

Die Trotzphase

Mit etwa 18 bis 20 Monaten entstehen erste Ansätze gedanklicher Vorentwürfe. Diese sind mit dem Beginn des sogenannten »Trotzalters« verbunden. Das Kind erlebt immer wieder, dass seine Ideen und Pläne mit den daraus resultierenden Handlungen nicht mit den Vorstellungen seines Gegenübers übereinstimmen. Es treten die ersten Konflikterfahrungen auf, die auch als wichtige Erlebnisse des Unterschiedes zwischen »Ich« und »Du« von Bedeutung sind. Diese sogenannte Trotzphase, in der die Kinder auf Frustration mit massiven Wutausbrüchen reagieren, ist etwa ab der zweiten Hälfte des zweiten Lebensjahres, über das dritte Lebensjahr manchmal bis ins vierte Lebensjahr hinein zu beobachten. Die Zornesanfälle sind Ausdruck des beeinträchtigten Lebensgefühls, das das Kind in diesem Moment hat, und zugleich ein Signal an Mutter oder Vater, doch nachzugeben.

Trotzen kann nur, wer Alternativen kennt.

Sprechen lernen

Sprache und Ich-Bildung.

Einer der wesentlichen Entwicklungsbereiche im zweiten Lebensjahr ist die Sprache. Schon im ersten Lebensjahr wurden Lautäußerungen vom Kind eingesetzt, um Gefühle mitzuteilen und Kontakte anzubahnen. Im zweiten Lebensjahr sprechen die Kinder meist in sogenannten Ein-Wort-Sätzen: Ein Wort steht für einen ganzen Satz. Gegen Ende des zweiten Lebensjahres, um den zweiten Geburtstag herum, kommt es bei vielen Kinder zur ersten Kombination von zwei oder drei Worten. Auch das Wort »Ich«, als sprachlicher Ausdruck des abgrenzenden Erkennungsprozesses zwischen »Ich« und »Du«, tritt um diese Zeit im aktiven Wortschatz des Kindes auf.

Sprache ist eine wichtige Voraussetzung für komplexes Denken. Jedoch auch vorsprachliche Erfahrungen, das heißt Gefühle, Empfindungen, Eindrücke, können ohne Umsetzung in Worte schon von kleinen Kindern gespeichert und abgerufen werden. Während im so genannten Tatsachengedächtnis bei uns Erwachsenen die Ereignisse der ersten drei Lebensjahre praktisch in Vergessenheit geraten, so ist das Gefühlsgedächtnis längst nicht so kurz wie das Tatsachengedächtnis des kleinen Kindes. Auch wenn das eigentlich ängstigende Erlebnis aus der frühen Kindheit längst vergessen ist, so kann das mit dieser Situation verbundene Angstgefühl und die negative Stimmung zeitlebens »erinnert« werden.

Denken und Vorstellungswelt.

Das Denken reift heran, mit zwei bis zweieinhalb Jahren können die Kinder Gegenstände nach Farbe, Gestalt und Größe ordnen. Das sichere Erkennen eines Zusammenhangs zwischen einer Ursache und einer Wirkung ist jedoch noch nicht möglich. Ebenso ist der Mengenbegriff der Kinder noch nicht entwickelt. Diese Art des Denkens in diesem Alter nennt man »prälogisches Denken«. Die Kinder neigen zur Vermenschlichung der Dinge, z. B. bezeichnete ein Zweijähriger einen alten VW-Käfer als lachendes Auto. Der Teddybär oder die

84

Puppe werden gestreichelt und umsorgt, sie werden als »menschengleich« erlebt. Außerdem ist bei Kindern dieses Alters das sogenannte »magische Denken« zu beobachten. Viele Alltagswirkungen werden wie von Zauberhand gemacht erlebt. Die Fantasie beschäftigt sich oft mit Zaubergestalten, Hexen, Monstern und Ähnlichem.

Spielen ist die Hauptsache

Spiel ist die kindliche Form, sich mit sich selbst und seiner Umwelt bekannt zu machen. Spiel ist in jedem Alter eine wichtige Lebensbeschäftigung, darum müssen Kinder immer reichlich Gelegenheit zum freien Spiel haben.

Spiel ist immer von Lernvorgängen begleitet.

Im ersten Lebensjahr vollzieht sich Spiel im Wesentlichen über die Bewegung des eigenen Körpers und im weiteren Verlauf über Bewegung von Gegenständen. Babys machen spielerische Bewegungserfahrungen und schauen diesen selbst verursachten Bewegungen zu. Babys »begreifen« ihre Umwelt mit Hand und Mund.

Ab dem zweiten Lebensjahr beobachten die Kinder ihre Umwelt und die dort vorhanden Gegenstände intensiver und versuchen, sie spielerisch zu erkunden, mit ihnen zu hantieren und sie auseinander zu nehmen. Das Kind spielt immer gemäß seinen Bewegungsfähigkeiten. Im zweiten Lebensjahr sind einfache Spieldinge wie Ball oder ein kleiner Wagen, den man hinter sich herziehen kann, oder eine einfache Puppe von Bedeutung. Das Spiel mit Bauklötzen, die man aufeinander stellen kann, das Kritzeln mit Stiften usw. sind wichtige spielerische Lebenserfahrungen. Das Kind erkundet die Umgebung im Spiel. Es beobachtet erste einfache Zusammenhänge. Hochspezielles »Fertigspielzeug« (z. B. batteriebetriebene Autos etc.) ist jedoch entbehrlich.

So formt sich der Charakter

Leistungsbereit-schaft und Aktivität.

Erste Ansätze von Leistungsbereitschaft lassen sich im zweiten Lebensjahr erkennen. Die Kinder möchten alles allein machen, ohne Hilfe, möchten sich durchsetzen. Eine wichtige Voraussetzung für Spaß an Leistung ist die Fähigkeit, einen Erfolg auf die eigene Geschicklichkeit sowie einen Misserfolg auf die eigene Ungeschicklichkeit zurückzuführen. Dieses ist jedoch erst ab etwa dreieinhalb Lebensjahren möglich.

Die spätere Leistungsbereitschaft wird schon in den ersten Lebensjahren festgelegt. Leistungsbereitschaft ist gekoppelt mit dem Wunsch, selbst aktiv etwas gegen Frustrationen zu tun. Frustrationsminderung ist gleichzeitig immer Agressionsminderung.

Auch das, was wir Gewissen nennen, formt sich schon in den ersten Lebensjahren.

Das Gefühl für »richtig« und »falsch«, das Gefühl für »gerecht« und »ungerecht« im Umgang miteinander, für »gut« und »böse« entwickelt sich am elterlichen Vorbild. Elterliche Verbote und Gebote werden aufgenommen und verinnerlicht. Jedes Zuwiderhandeln gegen verinnerlichte Werte bestraft das Gewissen im Verlaufe der Zeit mit Schuldgefühlen. Schon mit drei bis vier Jahren sind manche Kinder zur gewissensbedingten inneren Selbststeuerung fähig.

Kinder, die ohne verlässliche Bindung an ihre Eltern groß werden, vielleicht weil sie geschlagen oder misshandelt werden oder sich nicht geliebt fühlen, tun sich schwer mit der Gewissensbildung. Mangelnde Gewissensbildung ist immer ein Risikofaktor für gewalttätige Entwicklung.

Beziehung und Erziehung im zweiten und dritten Lebensjahr

Mit zunehmendem Erkundungs- und Explorationsdrang des Kindes werden Nerven und Geduld der Eltern auf die Probe gestellt. Dieser Erkundungsdrang sollte als natürliches Bedürfnis eines jeden Kindes von den Eltern nicht in Frage gestellt werden. Kinder müssen reichlich Gelegenheit haben, sich zu bewegen und sich auszuprobieren.

> **Beispiel:** *Eine Mutter arbeitet in ihrer Küche, bereitet das Mittagessen vor. Der 2-jährige Sohn ist dabei, darf beim Waschen der Kartoffeln helfen, hat auch eine kleine Schüssel, in der er Sauce »anrührt«. Er darf mit Kochtöpfen und Bratpfannen spielen.*

Bitte kein Töpfchendrill!

Die »Sauberkeitsentwicklung« verläuft ganz von alleine. Mit zwei bis drei Jahren wird tagsüber allmählich die Kontrolle über Urin- und Stuhlabgabe erreicht. Die nächtliche »Sauberkeit« entwickelt sich später. Da sich die »Sauberkeit« allmählich von alleine entwickelt, so wie das Kind auch von alleine laufen lernt, sollte diesbezüglich kein elterlicher Druck ausgeübt werden, sondern allenfalls immer wieder eine freundliche Ermutigung erfolgen, Urin und Stuhl z. B. auf dem Töpfchen zu machen. Druck in der »Sauberkeitserziehung« belastet und gefährdet die Eltern-Kind-Beziehung und birgt somit Gefahren für eine unbelastete Entwicklung.

Hier sind die Eltern gefragt

Wie können Eltern die Sprachentwicklung fördern?

Die Sprachentwicklung sollte intensiv durch uns Eltern gefördert werden. Sprechen Sie viel mit Ihrem Kind, auch über Dinge, die aus Ihrer Sicht belanglos sind. Seien Sie ehrlich. Erzählen Sie Ihrem Kind, wie es Ihnen selbst geht, was Sie vorhaben, begleiten Sie Ihre Tätigkeiten durch Sprache. Im zweiten Lebensjahr werden vom Kind häufig sogenannte Was-Fragen gestellt, im dritten Lebensjahr beginnt das Kind mit Warum-Fragen. Beantworten Sie jede Frage geduldig und ehrlich. Dieses ständige »Fragespiel« kann manchmal durchaus anstrengend sein. Ihr Kind will Sie damit nicht ärgern, sondern dieses Fragen ist ganz natürlich und wichtig für die Sprach- und Denkentwicklung Ihres Kindes. Es gibt keine dummen Fragen. Sofern es Ihnen selbst liegt, sollten Sie viel mit Ihrem Kind singen und tanzen. Es gibt zahlreiche Singspiele und Kinderlieder, zu denen man sich auch bewegen kann. Wenn Ihnen das persönlich nicht liegt und Sie keine Erfahrung mit Liedern und Spielen haben, so besuchen Sie regelmäßig ein- oder mehrmals wöchentlich eine pädagogisch angeleitete Krabbel- oder Spielgruppe.

Leben Sie Werte wie Ehrlichkeit, Fairness, Mitgefühl und Verantwortungsbewusstsein selbst vor.

> **Beispiel:** *Eine Mutter nimmt ihre 2$^1/_2$-jährige Tochter regelmäßig mit in die städtische Leihbücherei. Dort wählen die beiden gemeinsam einige für das Mädchen interessante Bücher aus. Zu Hause liest die Mutter jeden Tag vor, dasselbe Buch oft mehrmals hintereinander. Sie besprechen die gelesenen Geschichten, sie reden miteinander über die Bilder, jeden Tag – eine wichtige Form der Sprach- und Wahrnehmungsförderung! Zum Ende der Leihfrist bringen sie gemeinsam die Bücher wieder zurück. Die Mutter erklärt dem Mädchen, dass die Bücher nur ausgeliehen sind und zurückgebracht werden müssen, da sie ihnen nicht gehören (Vorleben von Ehrlichkeit).*

Ihr Kind brauchen jemanden, der ihm zuhört

Hören Sie Ihrem Kind zu, nehmen Sie Ihr Kind ernst und versuchen Sie, seine Bedürfnisse und Gefühle zu erspüren. Sie sollten Ihr Kind nicht auslachen und nicht ironisch mit ihm sprechen (s. *Mangel an emotionaler Wärme*, S. 41 ff.). Benutzen Sie Ich-Botschaften, wenn Sie Ihrem Kind etwas mitteilen wollen (s. S. 77). Sprechen Sie ruhig von Ihren eigenen Gefühlen. Wählen Sie einen Sprachstil, der Ihr Kind nicht demütigt. Seien Sie ein Sprachvorbild, das Achtung vor dem

Legen Sie den Grundstein für viele vertrauensvolle Gespräche.

Gegenüber zeigt. Achten Sie auf das Gute in Ihrem Kind, machen Sie ihm täglich Mut, versuchen Sie, eine positive Atmosphäre zu vermitteln. Geben Sie Ihrem Kind täglich Lob und Zuwendung, und bieten Sie ihm täglich gemeinsames Spiel an, gerade auch dann, wenn Ihr Kind »gut drauf«, d. h. zufrieden und ausgeglichen ist. Dadurch belohnen und bestärken Sie die »angenehmen« Verhaltensweisen Ihres Kindes. Stellen Sie – je nach Alter – mit dem Kind zusammen Regeln für das familiäre Zusammenleben auf, an denen Sie Ihre Grenzsetzungen orientieren. Sollte in Ihrer Familie jedoch ständig eine angespannte Atmosphäre herrschen, so holen Sie sich bald lebensberatende Hilfe.

Wenn Kinder sich ärgern

Ihr Kind hat ein Recht auch auf negative Gefühle.

Ihr Kind hat ein Recht auf seine Gefühle. Es hat ein Recht auf seine »positiven« Gefühle wie Freude. Es hat aber auch ein Recht auf »negative« Gefühle wie Zorn oder Traurigkeit. Versuchen Sie nicht, diese Gefühlsäußerungen Ihres Kindes zu unterdrücken, nur weil sie Ihnen lästig oder unangenehm sind. Begleiten Sie Ihr Kind in seinen Gefühlen. Trösten Sie Ihr Kind in seiner Traurigkeit, und nehmen Sie die Traurigkeit dabei ernst. Lassen Sie ihm seine Wut, schützen Sie Ihr Kind in dieser Situation jedoch vor sich selbst, und schützen Sie andere vor Ihrem Kind in seiner Wut. Immer wieder beeindruckend sind die heftigen aggressiven Gefühlsausbrüche eines Kindes im Rahmen eines Trotzanfalls. Eine Trotzreaktion ist praktisch immer Folge einer einschränkenden Grenzsetzung, bei der das Kind plötzlich und abrupt frustriert wird. Dieses kann z. B. dadurch entstehen, dass das Kind in seinem geplanten Spiel unterbrochen wird, oder dadurch, dass ihm ein dringender Wunsch verwehrt wird. Ihr Kind ist bei einem Trotzanfall kein »böses« Kind.

90

> **Beispiel:** *Ein 3-jähriges Kind möchte im Supermarkt an der Kasse die dort verlockend ausliegenden Bonbons haben. Im Haushalt sind jedoch noch reichlich Süßigkeiten vorhanden. Die Mutter verwehrt dem Kind den Wunsch mit der Erklärung, dass sie zu Hause ja noch genug Bonbons hätten. Das Kind empfindet diese Eingrenzung als massive Frustration. Natürlicherweise entsteht ein heftiges Ärgergefühl beim Kind. Es beginnt sofort zu schreien und wirft sich auf den Boden.*

Reaktion auf Trotzanfälle: Bitte nicht so!

Manche Eltern schimpfen in einer solchen Situation laut oder schlagen gar das Kind. Diese Eltern würden also versuchen, die verständliche kindliche Aggression mit noch stärkerer Gegenaggression zu unterdrücken. Das kindliche Wutgefühl würde dadurch jedoch nicht gelöst. Im Gegenteil, das Wutgefühl kann dadurch verstärkt werden, und an anderer Stelle kann das Kind mit aggressiven Verhaltensweisen, die außerhalb einer Trotzreaktion auftreten, auffallen (s. *Woher kommen Aggressionen?*, S. 31). Kinder, die von Natur aus schüchterner und zurückhaltender sind, können durch derartig aggressives Elternverhalten massiv geängstigt und in ihrer Persönlichkeitsentwicklung gehemmt werden. Vielleicht enden sie später als verängstigte »Duckmäuser«. Diese elterliche Reaktion auf Trotz ist somit schädlich und sollte auf jeden Fall vermieden werden.

Eine andere Reaktionsmöglichkeit, die viele Eltern wählen, ist ein nachgiebiges Verhalten. Diese Eltern sind durch das Trotzverhalten so verunsichert, dass sie alles tun, um ihr Kind so rasch wie möglich zu besänftigen. Diese Eltern beenden in einer Trotzsituation ihr grenzsetzendes Verhalten so-

Gegendruck löst das Problem nicht.

91

fort. Das Kind bekommt seinen Willen, seine Wut ist schnell verflogen. Das Kind lernt jedoch, dass es mit diesem lautstarken, jähzornigen Verhalten Erfolg hat. Dieses Verhalten wird somit verstärkt (s. *Lerntheorie*, S. 30) und würde immer häufiger auftreten, wenn nicht diese Eltern in ihrer Harmoniesehnsucht beim kleinsten »Anzeichen für Sturm« immer wieder direkt nachgeben würden. Dadurch machen sich die Eltern zum Sklaven ihres Kindes. Bei ihnen entstehen allmählich Groll und Unmut dem Kind gegenüber. Die Eltern sind froh, wenn ihr Kind ruhig ist. Somit kommt es rasch dazu, dass diese Eltern ihr Kind in ruhigen Phasen nicht beachten und ihm nur negativ getönte Beachtung bei einem drohenden Zornesausbruch schenken (s. *Der Fall Melanie*, S. 21, *Der Fall Ralf*, S. 27). Es besteht die Gefahr, dass das Kind dieser Eltern diese negativ getönte, »genervte« Beachtung seiner Eltern immer wieder provozieren muss, da es sonst keine Beachtung erfährt.

Nicht beachten ist auch keine Lösung.

Andere Eltern wiederum versuchen, den zornigen »Trotz« ihrer Kleinen zu ignorieren, so zu tun, als ob sie diesen gar nicht bemerkten. Ein Kind will aber in seinem Zorn ernst genommen und beachtet werden. Je nach Temperament und Charaktereigenschaften des Kindes kann es also sein, dass dieses Ignorieren den Zorn nur steigert und damit einer aggressiven Entwicklung Vorschub geleistet wird. Oder es kann sein, dass das Kind mit der Zeit resigniert, sich zurückzieht, möglicherweise heftige Selbstzweifel entwickelt, da es selbst in seinem Zorn von seinen Eltern nicht wahrgenommen wird. Dadurch kann wiederum eine aggressive Entwicklung gefördert werden mit einer Neigung, die Aggression gegen sich selbst zu richten (Essstörung, selbstverletzendes Verhalten, Drogenmissbrauch).

Reaktion auf Trotzanfälle: So sollte es sein

Die beste Art, mit einer zornigen Trotzreaktion umzugehen, ist die, den Zorn und die Wut des Kindes auszuhalten. Halten Sie Ihr Kind auf Ihrem Arm liebevoll fest und lassen Sie das Kind seinen Zorn in Ihrem Arm austoben, ohne Vorwurfshaltung von Ihrer Seite. Es ist wichtig zu erkennen, dass der kindliche Zorn Ausdruck einer massiven Hilflosigkeit des Kindes ist. Wie sonst hätte es eine Chance, sich durchzusetzen? Stehen Sie Ihrem Kind in dieser Hilflosigkeit bei, nehmen sie Ihr Kind in Ihren Arm, sagen Sie ihm, dass es zornig sein darf, sagen Sie ihm aber auch, dass Sie Ihre Entscheidung nicht zurücknehmen. Halten Sie Ihr Kind so lange, bis es seinen Zorn und seine Wut an Ihrer Brust ausgeweint hat. Dann erklären Sie Ihrem Kind noch einmal, dass Sie es liebhaben. Erklären sie Ihrem Kind, nachdem es sich beruhigt hat, den Grund für Ihre Entscheidung, auch dann, wenn Sie meinen, dass Ihr Kind diese Begründung sprachlich noch gar nicht versteht.

Wie können Eltern dem wütenden Kind beistehen?

Wenn Ihr Kind häufig trotzige Zornesanfälle hat, so kann dies ein Anzeichen dafür sein, dass Sie Ihr Kind zu sehr einschränken oder dass Ihr Kind mehr elterliche Aufmerksamkeit und Nähe braucht. Gewöhnen Sie sich als Eltern an, Zusammenhänge immer zu erklären – egal, wie alt Ihr Kind ist. Dadurch lernt Ihr Kind mit zunehmender Reife, dass es Gründe und Zusammenhänge gibt und dass es keiner elterlichen Willkürherrschaft ausgesetzt ist. Sie als Eltern lernen dadurch, die Sinnhaftigkeit einer Entscheidung zu bedenken und sich selbst Rechenschaft abzulegen, ob Ihre grenzsetzende Entscheidung vernünftig ist oder nicht.

Warum haben manche Kinder so viele Trotzanfälle?

Diskussionen in einer Konfliktsituation sollten Sie jedoch vermeiden. Denken Sie immer wieder darüber nach, in welchen Situationen eine Grenze gesetzt werden muss und ob es in der einzelnen Situation wirklich notwendig ist, eine Grenze zu setzen. Ihr Kind muss auch lernen, dass es sich einmal durchsetzen kann, jedoch nicht durch einen Zornesanfall, sondern wenn möglich durch Sprache.

So löst sich der Konflikt.

> **Beispiel:** *Ein $2^1/_2$-jähriger Junge will sich nicht die Gummistiefel anziehen lassen. Er möchte gerne draußen im Regen spielen. Die Mutter kann diesen Wunsch akzeptieren, besteht jedoch auf Regenkleidung und Gummistiefeln, da es schon herbstlich kühl ist. Dem Jungen gefallen die Gummistiefel nicht. Bei dem Versuch, ihm diese anzuziehen, strampelt und jammert er, er tritt nach Mutters Hand. Die Mutter kniet sich nieder, schaut ihrem Sohn von Angesicht zu Angesicht in die Augen, hält ihn an den Oberarmen freundlich, aber bestimmt fest und spricht zu ihm: »Draußen regnet es. Im Regen musst du die Stiefel anziehen. Sonst bekommst du draußen nasse, kalte Füße. Ohne Stiefel kannst du nicht rausgehen.« Der Junge hört seiner Mutter aufmerksam zu. Beim erneuten Versuch, ihm die Stiefel anzuziehen, wird er jedoch wieder zornig und tritt nach Mutters Hand. Daraufhin zieht ihm die Mutter die Regenkleider aus, sagt ihm: »Ohne Stiefel kannst du nicht rausgehen«, nimmt den Sohn auf den Arm und geht mit ihm in das Wohnzimmer. Der Junge schreit vor Zorn und schlägt mit seinen kleinen Fäusten auf die Mutter. Die Mutter hält ihn auf dem Arm, fasst mit der anderen Hand seine kleinen Hände und sagt ärgerlich: »Du darfst zornig sein. Ich lasse mich aber nicht schlagen. Ich bin auch zornig. Ich habe dich lieb und halte dich jetzt fest, bis du wieder zur Ruhe gekommen bist.« Die Mutter ist fest entschlossen. Nach einiger Zeit hat sich der kleine Junge beruhigt. Die Mutter kann ihren Sohn problemlos anziehen, und draußen tapst er vergnügt mit seinen Stiefeln durch die Pfützen.*

Kontaktaufnahme auf mehreren Ebenen

Worum geht es in dem Beispiel?

Die Kontaktaufnahme auf mehreren Sinnesebenen gleichzeitig ist eine wirkungsvolle Ausgangsbasis, um eine Botschaft mit einfachen, aber bestimmten Worten an das Kind weiterzuleiten. Das Beispiel im Kasten auf S. 94 zeigt, wie man dabei vorgeht.

Die problematische Situation im oberen Beispiel entzündete sich an der Weigerung des Kindes, der Witterung entsprechende Kleidung anzuziehen. Die Mutter war sich aber sicher, dass diese der Witterung entsprechende Kleidung für ihren Sohn in dieser Situation wichtig war. Darum war sie standhaft und beharrlich. In einem ersten Schritt sprach sie mit ihrem Sohn »Klartext«. Mit einfachen klaren Sätzen informierte sie ihr Kind über die Notwendigkeit ihrer Entscheidung und dass der Wunsch, draußen im Regen zu spielen, nur mit Gummistiefeln zu verwirklichen war. Zusätzlich hockte sie sich hin und brachte damit ihr Gesicht in die Höhe des Gesichtes ihres Kindes. Sie hielt ihren Sohn mit sanftem, aber bestimmtem Druck an den Armen fest, achtete auf Blickkontakt und sprach klar und einfach. Der Blickkontakt fördert die Aufmerksamkeit des Kindes und gibt ihm Sicherheit. Sie vermied zermürbende Diskussionen, begründete ihre Entscheidung jedoch klar mit einfachen Worten. Dadurch erreichte sie, dass ihr Sohn seine Zornesäußerungen unterbrach und ihr zuhörte. Sie stellte also Kontakt auf der Blickebene, auf der Wortebene und auf der Berührungsebene (Anfassen der Arme) her. Ihr Kind wurde somit auf drei Sinnesebenen einfach, klar und bestimmt angesprochen. Bei Kindern, die noch etwas älter sind als im vorigen Beispiel, hilft Klartext sprechen mit Blick- und Körperkontakt oft sehr gut, weitere Maßnahmen sind oft gar nicht erforderlich.

Logische Konsequenzen

Wenn trotzdem keine Verhaltensänderung erfolgt, wie in unserem oben genannten Beispiel, so wäre der nächste Schritt, logische Konsequenzen folgen zu lassen. Es ist unerlässlich, dass diese Konsequenzen in unmittelbarem, inhaltlichem Zusammenhang zu dem vorangegangenen Vorfall stehen. Dadurch lernt Ihr Kind allmählich, dass sein Handeln auch Folgen nach sich zieht.

Sehr effektiv sind logische Konsequenzen dann, wenn man sie ohne Worte einfach eintreten lässt (Dreikurs 1966). Im oben genannten Beispiel ließ die Mutter ihr Kind spüren, dass die logische Konsequenz auf die Weigerung, die Stiefel anzuziehen, die Unmöglichkeit war, draußen spielen zu können: Sie zog ihrem Kind die Regenkleidung wieder aus und ging mit ihm ins Wohnzimmer.

Konsequenzen sind keine Strafe!

Das war aus Sicht des Kindes eine frustrierende Beschneidung seiner Pläne. Diese Beschneidung war jedoch in dieser Situation als logische Folge angemessen. In der daraufhin losbrechenden hilfosen Wut wurde das Kind von der Mutter nicht allein gelassen. Es wurde gehalten, konnte sich beruhigen und zuletzt akzeptieren, dass es Gummistiefel anziehen muss, bevor es im Regen draußen spielen kann. Die Mutter konnte die aggressiven Gefühle ihres Kindes akzeptieren. Sie machte ihm jedoch klar, dass sie aggressives Verhalten, welches in diesem Beispiel gegen die Mutter gerichtet war (das Kind schlug auf die Mutter ein), nicht toleriert. Sie sprach Klartext und hielt die schlagenden Hände fest. Sie konnte auch ihren Ärger ausdrücken, das ist sehr wichtig. Ehrlichkeit bedeutet, dass auch elterliche Gefühle wie Ärger und Schmerz ausgedrückt werden dürfen und den Kindern mitgeteilt werden müssen (*Ich-Botschaft*), ohne dass die Eltern schlagen oder beleidigend schimpfen.

Festhalten verhilft zum Innewerden der Gefühle

Diese Therapie ist umstritten, wirkt aber in vielen Fällen.

Im Festhalten können die aggressiven Gefühle ausgelebt werden und im Verlauf des Haltens dem Gefühl der gegenseitigen Zuneigung weichen.

Im entschlossenen »Festgehaltenwerden« hatte das Kind die Möglichkeit, seinen Zorn auszudrücken, ohne die Mutter zu verletzen. Jedoch auch die Mutter konnte dem Kind dadurch ihre ärgerlichen Gefühle spürbar werden lassen, ohne es zu verletzen. Beide wurden mit den Gefühlen des anderen intensiv konfrontiert.

Das Halten Brust an Brust, Kopf an Kopf hat aber auch beruhigende, Bindungsgefühle vermittelnde Kräfte. Das Kind sollte so lange gehalten werden, bis es sich beruhigt hat, bis sich seine negativen Gefühle in liebevolle Gefühle gewandelt haben (Prekop 1994). Das kann manchmal zwei bis vier Stunden dauern und erfordert beim Haltenden Entschlossenheit, Durchhaltevermögen und die Überzeugung, das Richtige zu tun.

Die Auszeit

Die Auszeit kühlt die erhitzten Gemüter ab.

Wenn Sie sich als Eltern in einer emotional aufwühlenden Konfliktsituation das konsequente Halten nicht zutrauen, so ist die Anwendung der *Auszeit* (genaue Beschreibung folgt auf S. 118 ff.) eine andere Möglichkeit, die »überschäumende Phase« des Konfliktes zu durchstehen.

Der Mutter gelang es im oben genannten Beispiel also, mit »Klartext«, »logischen Konsequenzen« und »entschlossenem Halten« die für sie und ihr Kind wichtigen Regeln: »Im Regen ziehst du Gummistiefel an!« und »Du darfst mich nicht schlagen!« ohne demütigende Gewaltanwendung (Schlagen oder beleidigende Beschimpfungen) durchzusetzen. In der »Klartext-Botschaft« teilte sie dem Kind mit, was getan werden muss. Sie versuchte ihm nicht zu sagen, was es nicht tun sollte (auch wenn ihr dieses nicht immer gelang). Denn dieses Wörtchen »nicht« wird von kleinen Kindern in ihrer Aufregung oft überhört.

Essen soll Spaß machen

Ein weiteres häufiges Konfliktfeld in diesem Alter sind die gemeinsamen Mahlzeiten. Oft weigern sich Kinder, die angebotene Mahlzeit zu essen.

Gemeinsam essen – oft ein Problem.

Ein Kind darf nicht zum Essen gezwungen werden, es hat das Recht zu entscheiden, ob und wie viel es isst. Es ist wichtig, in einer solchen Situation keine Süßigkeiten oder Leckereien anzubieten, nur damit das Kind etwas isst.

Die logische Konsequenz ist vielmehr, dem Kind die nächste Mahlzeit erst beim nächsten gemeinsamen Mahl (evtl. erst einige Stunden später) anzubieten und zwischenzeitlich allenfalls einige Obststückchen zu geben. Dadurch lernt das Kind, Essenszeiten zu akzeptieren, und Sie machen sich nicht zum »Küchensklaven« Ihres Kindes.

Grenzen setzen ist unerlässlich

Es ist wichtig, dass Sie gewalttätige Handlungen Ihres Kindes nicht hinnehmen, sondern mit den bisher besprochenen Mitteln der Grenzsetzung Einhalt gebieten. Wenn Sie einer gewalttätigen Aktion Ihres Kindes tatenlos zusehen oder sich gar darüber belustigen, so ist dieses für Ihr Kind die Botschaft: »Gewalt ist in Ordnung.«

Nie tatenlos zusehen oder lachen!

Diese Botschaft kann die Grundlage für eine gewalttätige Entwicklung bei Ihrem Kind sein, darum müssen Sie eingreifen.

*S*olidarität mit
dem Opfer.

> **Beispiel:** *Ein $2^1/_2$-jähriger Junge ist in der Spielgruppe bisher nicht als Rabauke in Erscheinung getreten. Plötzlich schlägt er mit einem Bauklotz auf den Kopf eines anderen Kindes und entreißt diesem ein Spielzeugauto. Dieses Verhalten hat er beim »Rabauken der Gruppe« abgeguckt. Die Mutter schreitet ein. Sie hockt sich vor ihren Sohn, blickt ihn an, hält seine Hände mit kräftigem Griff und spricht bestimmt und ärgerlich (denn so fühlt sie sich angesichts der Attacke ihres Sohnes): »Du darfst das andere Kind nicht schlagen. Du darfst ihm nicht einfach das Auto wegnehmen.« Dann trägt sie ihren Sohn in die andere Ecke des Raumes, geht zu dem »Opfer« und nimmt den weinenden, geschlagenen Jungen tröstend auf den Arm. Ihr eigener Sohn ist verdutzt, wird auch traurig, beginnt zu weinen und läuft zu seiner Mutter. Erst als sich das andere Kind beruhigt hat, nimmt die Mutter ihren eigenen Sohn in den Arm und tröstet auch ihn. Im Anschluss erklärt sie ihm, warum er andere Kinder nicht schlagen darf.*

In diesem Beispiel greift die Mutter mit Kontaktaufnahme auf Blick-, Wort- und Berührungsebene ein und spricht »Klartext«. Sodann entzieht sie ihrem Sohn die Aufmerksamkeit und solidarisiert sich als logische Konsequenz mit dem Opfer (Kast-Zahn 1997). Der Sohn spürt, dass er mit dem aggressiven Verhalten die Mutter ärgerlich stimmte und ihre Aufmerksamkeit auf das Opfer richtete. Er muss das Auto zurückgeben. Er erlebt sein aggressives Verhalten auf verschiedenen Ebenen als Misserfolg. Als das Opfer getröstet ist, wird auch er in seiner Not von der Mutter getröstet. Die Mutter ist nicht nachtragend und erklärt ihm ihre Reaktion. Dadurch entstehen bei dem kleinen Jungen dem Opfer oder der Mutter gegenüber keine neuen aggressiven Impulse.

Bei solchen Gewalttätigkeiten Ihres Kindes müssen Sie jedesmal konsequent in der oben genannten Art eingreifen.

Zusammenfassende Hinweise

Akzeptieren Sie den Erkundungsdrang Ihres Kindes und setzen Sie Grenzen nur sparsam, aber konsequent. Loben Sie Ihr Kind, wenn ihm etwas gelungen ist. Sprechen Sie viel mit Ihrem Kind. Beantworten Sie geduldig seine Fragen. Erklären Sie ihm Ihre Entscheidungen.

Versuchen Sie, eine grundsätzlich positive Familienatmosphäre zu schaffen. Seien Sie jedoch dem Kind gegenüber ehrlich, auch mit Ihren Gefühlen. Wenn Sie sich ärgern, darf Ihr Kind das ruhig wissen. Versuchen Sie jedoch, nicht nachtragend zu sein. Wenn sich die Situation beruhigt hat, sollten Sie Ihrem Kind eine freundlich-versöhnliche Atmosphäre anbieten.

Jedes Mal, wenn Sie sich über Ihr Kind ärgern, versuchen Sie herauszufinden, was für ein Gefühl dem Ärger vorausging. Meist gehen Sorge, Enttäuschung, Entkräftung oder andere Gefühlszustände Ihrem Ärger voraus. Diese anderen Gefühle werden dann durch ein Zorngefühl ersetzt.

Wird eine Grenzsetzung notwendig, so versuchen Sie, mit »Klartext« und »Ich-Botschaften« (nach eindeutiger Kontaktaufnahme auf Blick-, Wort- und Berührungsebene) Ihre Botschaft zu vermitteln. Versuchen Sie in solchen Konfliktsituationen so ruhig wie möglich zu bleiben, geben Sie jedoch nicht auf. Wenn Ihnen die Grenze wichtig ist, dann müssen Sie diese durchsetzen.

Lassen Sie gewalttätiges Verhalten Ihres Kindes nicht zu. Lassen Sie sich nicht von Ihrem Kind schlagen, lassen Sie nicht zu, wenn Ihr Kind andere schlägt. Lassen Sie sich nicht beschimpfen.

Das vierte bis sechste Lebensjahr

In diesem Lebensalter bekommt das Kind ein positives Lebensgefühl, weil es sich geschickter und kraftvoller bewegt. Dieses Lebensgefühl ist eng mit einem positiven Selbstwertgefühl gekoppelt.

Was erlebt das Kind?

*R*ennen, Springen, Dreirad fahren.

Fast alle Kinder verfügen über einen natürlichen, ausgeprägten Bewegungsdrang. Das bedeutet jedoch, dass ein Kind auch ausreichend Gelegenheiten haben muss, seinem Bewegungsdrang nachzukommen. Das ist heute nicht so einfach, weil beengte Wohnverhältnisse und Lebensgewohnheiten auch kleine Kinder schon zum Stillsitzen vor Fernseher oder Computer zwingen.

Auch die Sprachentwicklung geht weiter. Mit vier Jahren sind die Kinder in der Lage, von eigenen Erlebnissen zu berichten. Die Kinder können in diesem Alter meist in ganzen Sätzen, die grammatikalisch weitest gehend korrekt sind, sprechen. Weiterhin stellen Kinder viele Fragen, da sie sich zunehmend für Ursachen und Zusammenhänge interessieren. Eng mit der Sprachentwicklung ist die Entwicklung der Denkfähigkeit verbunden. Die Vorstellung von kleinen Mengen entwickelt sich. Die Kinder sehen, ob der andere mehr Kekse hat. Sie sind zunehmend in der Lage, Einzelerfahrungen zu verallgemeinern.

*E*s gibt noch keine echten Lügen.

Fantasie und Realität mischen sich

In der Vorstellung des Kindes können sich verschiedene Erlebnisse miteinander kombinieren. Fantasie kann als wirklich erlebt und mitgeteilt werden. Dabei handelt es sich nicht um »Lügen«, sondern es ist einfach eine Möglichkeit der Wahrnehmung und Wiedergabe der kindlichen Lebenswelt.

Kinder werden sich allmählich ihrer Fähigkeiten bewusst. Sie beziehen Erfolge auf ihre eigene Tüchtigkeit und Anstrengung, Misserfolge werden jedoch gerne auf äußere Schwierigkeiten zurückgeführt. Eine realistische Einschätzung von Erfolgen und Misserfolgen lernen die Kinder durch Rückmeldung ihrer Bezugspersonen. Eine freundliche, aber ehrliche

Beurteilung ist wichtig. Grundsätzlich sollte jedoch das Lob für eine gemeisterte Aufgabe im Vordergrund stehen.

Beispiel: *Ein 4^1/$_2$-jähriger Junge hat feinmotorische Probleme. Deshalb ist er in einer heilpädagogischen Behandlung. Er ist bemüht, einen hohen Turm aus Bauklötzen zu bauen. Es gelingt ihm nur selten, da er im Rahmen der motorischen Ungeschicklichkeit immer wieder versehentlich den schon gebauten Turm umstößt. Die meisten gleichaltrigen Kinder im Kindergarten können das besser. Nun schafft er es aber, den Turm höher zu bauen als je zuvor, auch wenn er immer noch niedriger ist als der seines Freundes. Die Mutter bemerkt das, geht zu ihm hin, legt den Arm um seine Schulter und sagt: »Das hast du aber toll gemacht. Der Turm ist schon ein ganzes Stück größer als letztes Mal.« Die Mutter vermeidet negative Kritik. Sie sagt nicht: »Dein Freund hat einen viel größeren Turm gebaut.«. Sondern sie lobt die erreichte Leistung, was wesentlich aufbauender wirkt*

Intelligenz und Charakter

Wenn Sie Ihr Kind loben und immer wieder freundlich auffordern, eine Aufgabe, ein Spiel oder etwas Neues zu versuchen, erleichtern Sie ihm, eine gewisse Anspruchshaltung an sich selbst und Motivation für Leistungen zu entwickeln. Das sind wichtige Voraussetzungen für eine Lernhaltung in der Schule.

Lob wirkt Wunder.

Selbst im Bereich der Intelligenzentwicklung können bis zum späten Vorschulalter positive Effekte durch liebevolle Förderung beobachtet werden.

Bei vielen Kindern erwacht auch ein Interesse an ihrer eigenen Sexualität. Es gibt Kinder, die sich schon im zweiten

Interesse an der eigenen Sexualität ist für Kinder normal.

oder dritten Lebensjahr sexuell selbst befriedigen. Solche Verhaltensweisen dürfen nicht bestraft, sie sollten auch nicht missbilligt werden. Oft lässt sich bei Kindern im Alter von vier bis fünf Jahren eine besondere Zuneigung zum jeweils gegengeschlechtlichen Elternteil beobachten. Dieses besondere Interesse wird mit etwa fünf Jahren von der Identifikation mit dem gleichgeschlechtlichen Elternteil abgelöst. Mädchen spüren ihre Ähnlichkeit mit der Mutter, Jungen die mit dem Vater. Es entwickelt sich ein sexuelles Schamgefühl.

Von den Eltern vorgelebte Verhaltensmodelle und Werte werden von den Kindern aufgenommen, die Gewissensbildung findet allmählich ihren Abschluss. Viele Kinder sind nun in der Lage, nicht mehr nur durch äußere Beeinflussung »Richtig« oder »Falsch« bzw. »Gut« oder »Böse« zu unterscheiden, sondern sie empfinden von innen heraus aus ihrem Gewissen derartige Unterscheidungen. Kinder sind sodann in der Lage, bei »Fehlverhalten« Schuldgefühle zu entwickeln. Es entwickelt sich auch ein ausgeprägtes Gerechtigkeitsempfinden. Werden Geschenke verteilt, so bestehen Kinder im Vorschulalter darauf, dass jedes Kind das Gleiche erhält. Erst im Verlaufe der Schulzeit können Kinder ihr Bedürfnis nach »absoluter Gerechtigkeit« relativieren.

Beziehung und Erziehung im vierten bis sechsten Lebensjahr

Ihr Kind sollte sich geliebt und ernst genommen fühlen. Es ist weiterhin wichtig, dass Sie Ihrem Kind zuhören und ernst nehmen, was es zu sagen hat. Versuchen Sie, seine Bedürfnisse und Gefühle zu erspüren.

> *Beispiel: Ein 5-jähriges Mädchen steht vor dem Spiegel und will sich eine »Frisur« machen. Nichts will ihr so gelingen, wie sie es gerne hätte. Sie bekommt einen Wutanfall, obwohl sie eigentlich eher traurig ist (Wut, um die Traurigkeit nicht zu spüren). Die Mutter hockt sich zu ihr nieder, legt den Arm um sie und sagt: »Ich glaube, du bist ganz traurig.« Das Mädchen weint ihre Traurigkeit im Arm der Mutter aus, die Wut klingt ab.*

Jedes Gefühl besteht zu Recht

Ein Kind sollte nie ausgelacht werden. Sie sollten nicht ironisch mit Ihrem Kind umgehen, das gilt für jedes Lebensalter. Wenn ein Kind spürt, dass es ständig »auf den Arm genommen« und nicht ernst genommen wird, fühlt es sich in seinem Selbstwertgefühl verletzt und auch frustriert. Dadurch können Wut und Gewalttätigkeit ausgelöst werden. Wenn Ihr Kind mit Puppen, Kuscheltieren und anderen Spielsachen aggressiv spielt, z. B. den Teddy prügelt, die Puppe fesselt usw., so müssen Sie diese Gefühle Ihres Kindes annehmen und das Kind dieses Spiel spielen lassen. Es gibt normalerweise gut nachvollziehbare Gründe, warum Ihr Kind so spielt!. Aggressives Elternverhalten, Bilder aus dem Fernsehen oder Einflüsse von Spielkameraden können dahinter stecken (*Lernmodelle*). Versuchen Sie, diese Gründe zu verstehen und mit Ihrem Kind ohne Vorwürfe über diese Gründe zu sprechen.

Akzeptieren Sie auch Wut und Ärger Ihres Kindes.

Gewaltspielzeug, das jedoch direkt zu gewalttätigem Spiel anregt, weil es nur dazu zu gebrauchen ist, z. B. Pistolen, Panzer, Handgranatenattrappen usw. sollten Sie meiden und diese Entscheidung mit Ihrem Kind immer wieder besprechen. Wenn der Wunsch nach Pistolen u. ä. als Spielzeug jedoch so

Spielzeugwaffen – harmlos oder nicht?

107

groß ist, dass Sie ihn nur schwer abschlagen können, erfüllen Sie ihn möglichst erst dann, wenn das Kind zur Schule geht, weil es dann zunehmend für Ihre Gegenargumente empfänglich sein wird. Sie sollten vor Erfüllung eines solchen Wunsches ausgiebig mit Ihrem Kind diskutieren und ihm immer wieder erklären, dass Sie es nicht gut finden, mit Spielzeug zu spielen, mit dem, wenn auch nur im Spiel, Menschen getötet, verletzt oder gequält werden sollen.

So tragen Sie Konflikte aus

Trainieren Sie das Senden von Ich-Botschaften!

Versuchen Sie, Ich-Botschaften zu senden (Gordon 1999). Mit diesen Ich-Botschaften teilen Sie Ihrem Kind mit, wie es Ihnen in einer bestimmten Situation geht, wie Ihre Gefühle aussehen, wenn Sie mit einem bestimmten, für Sie nicht akzeptablen Verhalten des Kindes konfrontiert werden. Durch Ich-Botschaften erfahren die Kinder, dass Sie als Eltern unter einem bestimmten Verhalten leiden. Vermeiden Sie beschuldigende »Du-Botschaften« wie z. B. »Du bist mal wieder schrecklich!« Dadurch fühlen sich Kinder in der Regel abgelehnt oder herabgesetzt. Wenn sie so etwas häufig hören müssen, wird ihr Selbstwertgefühl untergraben mit der Gefahr der daraus folgenden Verhaltensstörung.

> **Beispiel:** *Ein 5-jähriger Junge kommt von draußen mit dreckigen Schuhen in die Wohnung, ohne die Schuhe vorher gesäubert zu haben. Die schmutzigen Fußabdrücke ärgern die Mutter sehr. Sie sagt: »Ich ärgere mich, dass du den Fußboden schmutzig gemacht hast. Ich habe wieder zusätzliche Arbeit.« Der Junge reagiert nicht auf die Ich-Botschaft seiner Mutter, die Mutter fragt noch einmal nach: »Ich habe das Gefühl, dass es dir nicht gut geht. Was ist dir denn passiert?« Dabei hockt sich die Mutter vor ihren klei-*

> *nen Sohn, nimmt ihn bei den Schultern und versucht, Blickkontakt herzustellen. Jetzt erzählt ihr der Junge, dass ein größerer Junge draußen beim Spiel seinen Ball weggenommen habe. Jetzt versteht die Mutter den Ärger und die dadurch bedingte Unaufmerksamkeit ihres Sohnes.*

Führt in einer Konfliktsituation das Klartext-Sprechen und das Benutzen von Ich-Botschaften nicht zum Erfolg und reagiert das Kind weiterhin mit Widerstand und Auflehnung, ist es oft hilfreich, diesen Widerstand ernst zu nehmen und zunächst noch einmal nachzufragen, anstatt den Konfrontationskurs zu verstärken. Sollte sich mit diesem Vorgehen kein Verständnis für die Konfliktsituation erreichen lassen, so wäre ein weiterer Schritt, das Kind mit den logischen Folgen seines Handelns (s. S. 97) zu konfrontieren. Diese logischen Konsequenzen stehen in einem unmittelbaren inhaltlichen Zusammenhang mit dem vorausgegangenen Problem. Eine logische Folge wird vom Kind oft als unangenehm empfunden, ist aber vom Kind meist als »gerecht« nachvollziehbar und unterscheidet sich dadurch grundlegend von »aus der Luft gegriffenen« Strafen, die abzulehnen sind.

Lieber noch einmal nachfragen!

> **Beispiel:** *In Fortsetzung des oben genannten Beispiels hätte die Mutter ruhig, aber bestimmt gesagt: »Du hast den Dreck mit deinen Schuhen gemacht. Du musst den Dreck wieder beseitigen. Zieh deine Schuhe aus und wisch den Dreck auf.« Sie gibt dem Jungen einen Wischlappen und bleibt bei ihm, bis er die Verschmutzung beseitigt hat. Sie zeigt Festigkeit, bis die Wiedergutmachung erfolgt ist. Anschließend lobt sie ihn und sagt, dass sie es gut findet, dass er den Schmutz so gut aufgewischt hat.*

Worum geht es im Machtkampf?

Machtkampf als Ersatz für positive Aufmerksamkeit.

Aus einem Konfrontationskurs entwickelt sich oft ein Machtkampf zwischen Eltern und Kind. Vor allem diejenigen Kinder, die zu wenig positive Aufmerksamkeit und Beachtung erhalten, gehen oft Machtkämpfe ein, da die damit verbundenen angenehmen Machtgefühle ein Ersatz für die fehlende positive Aufmerksamkeit sind. In einer solchen Situation können sich Kinder als mächtig und einflussreich erleben, sie haben sozusagen die Macht, ihre Eltern »auf die Palme zu bringen«. Dieses Machtgefühl wird von den Kindern als positiv erlebt. Somit wird durch eine normalerweise unangenehme, strenge Reaktion der Eltern das betreffende »problematische« Verhalten des Kindes verstärkt, vor allem dann, wenn die Kinder erleben, wie sich ihre Eltern aufregen. Dieses kindliche Machtgefühl wirkt somit als Belohnung für das vorangegangene Problemverhalten (s. *Lerntheorie*, S. 30).

Lügen und Stehlen

Lügen und Stehlen sind Verhaltensweisen, die bei vielen Kindern im Laufe der Entwicklung zu beobachten sind. Diese Verhaltensweisen kann man jedoch erst dann als Fehlverhalten ansehen, wenn man sicher ist, dass sich das Kind bewusst so verhält und dabei genau weiß, dass Lügen und Stehlen nicht in Ordnung sind.

Die Fähigkeit der verlässlichen Unterscheidung zwischen Fantasie und Realität ist eine wichtige Voraussetzung für die Unterscheidung von Wahrheit und Unwahrheit. Wenn Sie feststellen, dass Ihr Kind lügt, so sollten Sie sich zuerst fragen, ob Ihr Kind wirklich lügt, d. h. bewusst Unwahrheiten behauptet, oder ob es die Tatsachen einfach anders sieht als Sie. Bleiben Sie in solchen Situationen ruhig, konfrontieren Sie Ihr Kind jedoch mit Ihrer Sichtweise.

> **Beispiel:** *Zwei Mädchen, beide im Alter von vier Jahren, spielen mit ihren Puppen. Als das eine Mädchen von seiner Mutter abgeholt wird, vergisst es seine Puppe beim anderen Kind. Dieses wiederum behauptet nun, die Puppe des ersten Mädchens sei ihre eigene. Die Mutter erkennt, dass dieses eine kindlich verzerrte Wahrnehmung der Wirklichkeit ist. Ihre Tochter hatte in ihrem Zimmer auch mit dieser anderen Puppe gespielt und sie somit in der Fantasie zu ihrer eigenen Puppe gemacht. Die Mutter bleibt ruhig und erklärt: »Deine Freundin hat ihre Puppe bei dir vergessen, morgen bringen wir sie ihr.«*

Dadurch lernte das Mädchen wieder etwas mehr von der Wirklichkeit kennen, aber auch, besser zwischen »Mein« und »Dein« unterscheiden. Wenn Ihr Kind jedoch bewusst lügt, so müssen Sie klären, woran das liegt. Kinder lügen oft, wenn sie etwas Verbotenes vertuschen wollen, d. h. aus Angst vor Strafe oder Unannehmlichkeiten. Der hinter dem Lügen versteckte »Regelübertritt« muss geklärt werden. Bezogen auf das Lügen selbst sollten Sie jedoch nur »Klartext« sprechen, z. B.: »Ich möchte nicht, dass du lügst. Dann weiß ich nicht mehr, ob ich dir glauben kann.« Die hinter dem Lügen verborgenen »Regelverstöße« sollten selbstverständlich die fairen, logischen Konsequenzen nach sich ziehen, die einem Regelverstoß auch ohne begleitende Lügen folgen müssten, z. B. Wiedergutmachung bei Zerstörung. Sie sollten jedoch klären, ob die dem Lügen zugrunde liegende übertretene Regel für Ihr Kind vielleicht zu einschränkend ist. Aber auch hinsichtlich des Lügens gilt: Leben Sie Offenheit und Ehrlichkeit vor.

Die Unterscheidung von »Mein« und »Dein« entwickelt sich im Kontakt zu anderen Menschen. Auch deshalb sind reich-

Noch im Schulalter mischen sich Traum und Realität.

»Mein« und »Dein« werden lange nicht klar unterschieden.

lich Kontakte zu anderen Kindern und der regelmäßige Besuch eines Kindergartens oder einer Kindergruppe wichtig. Schon 2-Jährige wachen oft mit besonderer Aufmerksamkeit über ihr Spielzeug, damit es nicht von anderen weggenommen wird. Also keimt schon sehr früh ein Empfinden für »Mein«. Durchschnittlich mit drei bis dreieinhalb Jahren haben die Kinder auch das Wort »du« und »dein« im Wortschatz, ein Gefühl für »Dein« wächst heran. Entwendet ein Kind Dinge, die anderen gehören, so sollten Sie sich auch in dieser Situation fragen, ob dies wirklich schon bewusstes Stehlen war oder ob das betreffende Kind sein Handeln vielleicht als »völlig in Ordnung« empfindet, weil es in seiner Entwicklung noch nicht so weit war, zwischen »Mein« und »Dein« verlässlich zu unterscheiden und vielleicht noch kein Unrechtsbewusstsein entwickelt hat.

> **Beispiel:** *Ein 5-jähriger Junge »entwendet« im Kindergarten einem anderen Kind kleine Spielzeugfiguren aus Plastik, die er selbst nicht hat, da seine Eltern dieses »Spielzeug« ablehnen. Die Mutter findet diese Figuren in der Manteltasche des Jungen. Auf Nachfrage der Mutter erzählt der Junge, dass er diese Figuren aus der Tasche seines Freundes genommen hat, weil er sie so schön findet. Die Mutter sagt: »Das Spielzeug gehört einem anderen Kind. Du darfst einem anderen nichts wegnehmen. Wenn ein anderes Kind deinen Teddy wegnähme, wärst du sehr traurig. Dein Freund, dem du die Figuren weggenommen hast, ist jetzt bestimmt auch traurig. Ich möchte, dass du anderen nichts mehr wegnimmst. Wir bringen das Spielzeug jetzt zurück.« Beide gehen zum »bestohlenen« Kind. Der Junge selbst gibt das Spielzeug zurück und sagt, dass er nichts mehr wegnehmen wolle.*

Schaden wieder gutmachen

Auch wenn »Stehlen« nicht in »böser« Absicht erfolgt, muss das Kind an der Beseitigung des Schadens beteiligt werden. Dem Kind muss in klaren und eindeutigen Worten der Sachverhalt erklärt werden. Aus der Luft gegriffene Strafen sollten Sie unterlassen. Das Zurückgeben, wieder Gutmachen und Entschuldigen ist als logische Konsequenz schon unangenehm genug. Anschließend sollten Sie auch in einer solchen Situation das Kind freundlich in den Arm nehmen und loben, dass es die Wiedergutmachung gut gemeistert hat. Außerdem sollten Sie sich immer überlegen, warum Ihr Kind stiehlt. Manchmal ist Stehlen ein Hilferuf nach mehr elterlicher Aufmerksamkeit, manchmal ist Ihr Kind vielleicht wirklich auch den vielfältigen Versuchungen unserer Konsumgesellschaft erlegen.

War das Wegnehmen wirklich ein Stehlen?

Beispiel: *Ein 5-jähriges Mädchen, das sich schon gut die Zähne putzen kann, wird von seiner Mutter ins Badezimmer geschickt, um sich nach dem Abendessen die Zähne zu putzen. Die Stimmung zwischen den beiden knisterte schon während des Abendessens. Die Mutter ist sehr nervös und gereizt, das Mädchen ist den ganzen Nachmittag über schon unruhig und für die Mutter »schwer zu ertragen«. Draußen ist Regenwetter, das Mädchen hatte nicht die Bewegungsfreiheit, die es für sein Temperament brauchte. Und nun schimpft das Mädchen zornig, will sich nicht die Zähne putzen und schmiert statt dessen mit der Zahnpasta im Waschbecken herum. Für die Mutter ist das abendliche Zähneputzen eine wichtige Regel, die sie durchsetzen will. Sie kann ihren Ärger gerade noch im Zaum halten und sagt: »Du musst dir jetzt die Zähne putzen. Nach dem Essen müssen die Zähne geputzt werden, sonst werden sie krank.«*

*F*est bleiben, ohne das Kind zu verurteilen, das ist die Kunst.

Das Mädchen schreit weiter und weigert sich standhaft, die Zähne zu putzen. Die Mutter sagt: »Du musst dir jetzt die Zähne putzen.« Das Mädchen schreit: »Ich will mir aber nicht die Zähne putzen, du putzt sie dir ja auch nicht.« Die Mutter lässt sich jetzt im Streit auf keine Diskussion ein, sondern sagt immer wieder unbeirrt, mit möglichst ruhiger Stimme: »Du musst dir jetzt die Zähne putzen. Du musst dir jetzt die Zähne putzen« usw. Das Mädchen stellt schließlich das Geschrei ein und beginnt, wenn auch widerwillig, mit dem Zähneputzen. Als es fertig ist, nimmt die Mutter es liebevoll in den Arm und sagt: »Das hast du gut gemacht. Ich freue mich, wenn du deine Zähne gut putzt. Dadurch bleiben sie länger gesund.«

Die gute Lösung eines Konflikts

Im oben genannten Beispiel forderte die Mutter das Befolgen der Regel »Nach dem Essen werden die Zähne geputzt!« ein. Die Stimmung zwischen Mutter und Kind war aufgrund des Tagesablaufes nicht gut. Die Mutter ließ sich jedoch auf keine Diskussionen im Streit ein, sie wusste, dass das Mädchen den Grund für die einzufordernde Regel gut kannte. Sie sprach Klartext und wandte sodann die Technik der kaputten Schallplatte (Kast-Zahn 1997) an. Die Klartextaufforderung zur Einhaltung der Regel wiederholte sie mehrmals: »Du musst dir jetzt die Zähne putzen!« Ihre Tochter spürte dadurch, dass es ihrer Mutter Ernst war. Sie spürte, dass es keine Chance gab, die klare Haltung der Mutter aufzuweichen. Somit fügte sie sich in ihr Schicksal, welches ja nicht schrecklich, sondern durchaus sinnvoll war, und putzte sich ihre Zähne. Der Mutter gelang es im Anschluss, die negativ aufgeladene Atmosphäre von vorher beiseite zu lassen. Sie nahm die Tochter in den Arm, lobte sie und ließ sie dadurch warme Anerkennung spüren. Die Mutter trug dem Mädchen den Streit nicht nach, und dadurch konnte der Tag schließlich in positiver Atmosphäre ausklingen. Die Mutter erklärte dem Mädchen nochmals kurz, warum sie auf dieser Entscheidung bestanden hatte. Das konnte das Mädchen akzeptieren, ihr Bedürfnis nach »Diskussion« war dadurch schon befriedigt.

Hätte sich die Mutter während der Streitigkeit auf eine Diskussion eingelassen, so hätte das Mädchen dieses durchaus als mütterliche Wankelmütigkeit und Unsicherheit empfinden können und sich dadurch ermutigt gefühlt, noch mehr Lärm und Geschrei zu machen, um seinen Willen, sich an diesem Abend nicht die Zähne zu putzen, durchzusetzen. Dann wäre das Mädchen für Lärm und Geschrei belohnt worden. Diese Lernerfahrung kann die Entwicklung eines aggressiven Verhaltensstils fördern. Je nach den vorangegangenen Lernerfah-

Die kaputte Schallplatte.

rungen des Mädchens hätte es aber ebenso sein können, dass eine Klartextaufforderung und das Anwenden der Technik der kaputten Schallplatte keine »Klärung« bewirkt hätte.

Eine Lösung für schwerere Fälle.

Beispiel: In Fortsetzung des oben genannten Beispiels hat sich das Mädchen der mütterlichen Forderung nicht gebeugt. Es schreit, läuft auf die Mutter zu und beginnt nun, die Mutter zu schlagen und zu treten. Die Mutter spürt großen Ärger und ist entschlossen, dieser Attacke gegen sie selbst ein Ende zu setzen. Sie ist in ihrer eigenen Stimmung jedoch so beeinträchtigt, dass sie ihre wütende Tochter nicht in ihren mütterlichen Armen festhalten kann (s. S. 98). So nimmt sie die schreiende und zappelnde Tochter hoch und geht entschlossenen Schrittes mit ihr zu ihrem Zimmer. Dabei sagt sie: »Ich lasse mich von dir nicht schlagen und treten. Du darfst wütend sein. Aber wenn du mich schlägst und trittst, dann musst du in deinem Zimmer bleiben. Dort bleibst du so lange, bis du dich beruhigt hast. Ich hole dich dann wieder aus deinem Zimmer ab.« Sie setzt das schreiende und um sich schlagende Mädchen in sein Bett und verlässt das Zimmer. Im Hinausgehen zieht sie die Zimmertür zu. Sie hört sehr wohl, was im Zimmer vor sich geht. Das Mädchen schreit weiter, tritt mit den Füßen gegen die Wand. Die Mutter spricht jedoch nicht mit ihr durch die Zimmertür. Nach etwa drei Minuten nimmt der Zorn ab, und das Geschrei verstummt allmählich. Als die Kleine zur Ruhe gekommen ist, geht ihre Mutter ins Zimmer und nimmt sie auf den Arm. Sie sagt: »Ich finde es schön, dass du dich ganz alleine wieder beruhigt hast. Komm, wir versuchen es noch einmal mit dem Zähneputzen.« Und jetzt klappt das Zähneputzen problemlos. Anschließend lobt die Mutter das Mädchen, sie bringt es in sein Bett und erzählt noch eine Geschichte.

Die zweite Trotzphase

In dieser zweiten Variante des oben genannten Beispiels, war die Wut und der Zorn des kleinen Mädchens wesentlich stärker. Nicht selten lässt sich mit etwa fünf Jahren eine sogenannte zweite Trotzphase (zur ersten Trotzphase vgl. S. 90 ff.) beobachten. Dahinter steckt der berechtigte Wunsch eines jeden Kindes, sich durchzusetzen und einen Schritt weiter in Richtung Eigenständigkeit und Autonomie zu gehen.

Die zweite Trotzphase muss nicht stattfinden.

Es gibt viele Situationen, in denen es auch in diesem Alter nicht zu Wutausbrüchen kommen muss, weil der Wille des Kindes von seinen Eltern akzeptiert werden kann. Das sind für das Kind wichtige Lebenserfahrungen, dadurch spürt sich das Kind als »selbstwirksam«, Selbstwertgefühl und Selbstvertrauen werden gestärkt. Im oben genannten Beispiel bestand die Mutter jedoch auf einer für sie wichtigen Regel, deren Einhaltung zur Erhaltung der kindlichen Gesundheit dient. Ihre – aus kindlicher Sicht – Einschränkung löste diese heftige Wutreaktion aus. Klare eindeutige Worte konnten das Kind in dieser Situation nicht mehr erreichen. Die Mutter wurde attackiert und spürte ihrerseits heftigen Zorn aufwallen. Die Gefahr in einer solchen Situation besteht darin, dass sich Eltern in ihrer Wut zu heftigem Schreien, demütigender Beschimpfung, Schlagen des Kindes und körperlicher Züchtigung hinreißen lassen.

Andererseits war in der eben beschriebenen Situation eine konsequente Grenzsetzung notwendig, um zu verhindern, dass das Kind aggressive und gewalttätige Verhaltensweisen als erfolgreich erlebt. Ohne ihm jedoch durch Gegengewalt ein aggressionsförderndes Lernmodell zu bieten, wählte die Mutter in dieser zweiten Variante des oben genannten Beispiels zur Lösung des gewalttätigen Konfliktes die Methode der »Auszeit«.

Die Auszeit – mehr als ein Schlagwort

Was ist die Aus-zeit-Methode?

Die Auszeit ist unter lernpsychologischen Gesichtspunkten eine Form der Bestrafung, aus einem einfach Grund: Wenn sie richtig und passend angewendet wird, ist sie für das Kind unangenehm.

Strafen gehören seit alters her zu den häufigsten »Erziehungsmaßnahmen«. Das heißt nicht, dass sie etwas Gutes oder auch nur Unproblematisches wären. Im Gegenteil: Als »Erziehungsmaßnahme« ist die Strafe etwas äußerst Kompliziertes, bei dem man viele Fehler machen kann.

Strafe als Erziehungsmittel darf nicht zu streng sein, sonst werden Angst, Flucht und Wut hervorgerufen. Andererseits muss sie streng genug sein, um als unangenehm empfunden zu werden, sonst wirkt sie nicht. Dabei besteht jedoch die Gefahr der Gemeinheit und Erniedrigung mit den problematischen, nicht akzeptablen Folgen. Strafe muss außerdem unmittelbar nach dem unerwünschten Verhalten erfolgen, damit der Zusammenhang zum unerwünschten Verhalten für den Bestraften spürbar wird, und möglichst jedes Mal nach dem unerwünschten Verhalten, damit der Zusammenhang zum unerwünschten Verhalten auch bekräftigt wird.

Strafe als Erziehungsmittel? Vorsicht!

Fehler bei Bestrafung sind praktisch vorprogrammiert, wenn Strafe aus elterlicher Wut und elterlichen Hassgefühlen heraus verhängt wird. Denn in einer solchen Situation fehlt der klare Kopf, um die vielen möglichen Fehler zu vermeiden.

Körperliche Gewalt als Strafe ist immer schlecht, da viel Schaden, aber kein Nutzen dadurch erreicht wird. Schläge aus Wut oder Hilflosigkeit führen dazu, dass das Kind aus Angst und nicht aus Einsicht das bestrafte Verhalten aufgibt, um den Preis eines gequälten Lebensgefühls. Die Kinder, die ständig einem solchen Klima ausgesetzt sind, flüchten nicht selten aus ihrem Elternhaus auf die Straße und verfallen oft dem Drogenmissbrauch.

118

Die andere mögliche Folge von Schlägen kann sein, dass beim Geschlagenen Hass und Wut gegen den Schlagenden aufkeimt, die er seinerseits wiederum an anderen, vermeintlich schwächeren Menschen auslässt. Diese Gefahr zeigt sich auch in der Tatsache, dass etwa die Hälfte der geschlagenen Kinder irgendwann ihre schlagenden Eltern schlägt, während nicht geschlagene Kindern so gut wie nie ihre Eltern schlagen. Erfreulicherweise ist elterliche Gewaltausübung seit dem Jahr 2000 endlich gesetzlich verboten.

Schläge sind immer verkehrt und endlich auch gesetzlich verboten.

119

Verständnis und Lob sind keine Lösung bei aggressivem Problemverhalten.

Die Vorzüge der Auszeit-Methode

Trotzdem gibt es Situationen, in denen nur durch das unangenehme Erlebnis einer Bestrafung Einhalt zu gebieten ist. Die Auszeit ist eine Bestrafungsform, mit der keine körperliche Gewalt vorgelebt wird. Das Kind wird kurzfristig aus der aufputschenden, für beide Seiten unerträglichen Situation verbannt. Das ist zunächst unangenehm für das Kind, andererseits hat es aber die Möglichkeit, zur Ruhe zu finden. Ebenso können die Eltern zur Ruhe finden, und sie werden davor bewahrt, im Affekt schädigende körperliche Strafen zu verhängen.

Während der Auszeit sollte nicht mit dem Kind diskutiert werden. Durch den Effekt der beiderseitigen Beruhigung haben sowohl Eltern als auch Kind die Möglichkeit, nach der Auszeit in einer bereinigten, wieder freundlich getönten Atmosphäre zueinander zu kommen. Hat es das Kind geschafft, wieder zur Ruhe zu kommen, und wird die Auszeit dann beendet, so sollten Sie Ihrem Kind durch freundliche Mimik und aufrichtiges Lob zeigen, wie gut Sie finden, dass es selbst zur Ruhe gefunden hat. Durch die positive Atmosphäre bestätigen Sie Ihrem Kind, dass Sie es achten und weiterhin lieb haben. Gleichzeitig erfährt das Kind Ihre Bereitschaft zur Versöhnung – eine wichtige zwischenmenschliche Fähigkeit, die Kindern auch bei späteren Konflikten außerhalb des Elternhauses nützlich ist.

Falls das eigentliche Problem nach dem Ablauf der Auszeit noch nicht gelöst ist – in unserem Beispiel waren die Zähne immer noch nicht geputzt! –, muss die Forderung wiederholt und bei erneuter Verweigerung mit einer neuen Auszeit reagiert werden, bis die wichtige Regel befolgt worden ist.

Übrigens: Auch bei Konflikten zwischen Eltern kann eine kurze Auszeit voneinander mit anschließendem klärenden Gespräch und Versöhnung sehr hilfreich sein (Geisler 1996).

So verläuft die Auszeit

Die Auszeit sollte wenn möglich nicht länger dauern als zwei Minuten pro Lebensjahr, d. h. höchstens zehn Minuten bei einem 5-jährigen Kind. Das Kind sollte jedoch vor Beendigung der Auszeit zur Ruhe gefunden haben.

Während der Auszeit darf das Kind keine Angstzustände bekommen, das Zimmer darf nicht dunkel sein (Döpfner 1997), und Auszeit sollte möglichst nicht in einer ungewohnten Umgebung stattfinden. Wenn das Kind während der Auszeit den Raum verlässt, beginnt die Auszeit wieder von vorne. Notfalls muss während der Auszeit auch die Zimmertür zugehalten werden, damit eine Distanz und eine Chance zur Beruhigung für beide Seiten durchgesetzt werden kann.

Manchmal kann es auch hilfreich sein, wenn die Eltern in eine Auszeit gehen und das Konfliktfeld für kurze Zeit, z. B. durch Verlassen des Zimmers, räumen.

Wichtig: Nach der Auszeit folgt die Versöhnung.

Wie oft soll man Auszeiten verhängen?

Ein bis zwei Wochen nachdem Sie begonnen haben, das Mittel der Auszeit konsequent anzuwenden, sollte eine Auszeit höchstens dreimal pro Tag notwendig sein. Wenn Sie danach weiterhin das Gefühl haben, ständig Auszeiten durchführen zu müssen, so können die Gründe in allzu strengen Regeln oder darin liegen, dass Sie sich mit Ihrem Kind in einem Dauermachtkampf (bei zu wenig positiver elterlicher Aufmerksamkeit) befinden. Erziehungsberatende Hilfe, eine Festhaltetherapie (Spallek 1994), Familien- oder Paartherapie oder psychotherapeutische Einzelbehandlung für ein Familienmitglied können in einer derartigen Situation sehr hilfreich sein.

Wenn die Auszeit nichts fruchtet, liegen die Ursachen tiefer.

Versöhnung: So soll sie aussehen

Nach Maßnahmen mit bestrafendem Charakter – wie der Konfrontation mit den logischen Konsequenzen eines Verhaltens,

Bitte kein erhobener Zeigefinger!

der Durchführung der Auszeit oder der Verpflichtung zur Wiedergutmachung eines Schadens – sollte dem Kind immer eine versöhnliche Atmosphäre angeboten werden. Das sachliche Gespräch im liebevollen Arm von Vater oder Mutter kann sehr gewinnbringend sein, egal, wie alt das Kind ist. Ganz zwanglos kommt es dabei zur Beschreibung der Konfliktsituation aus Sicht des Kindes und aus Sicht der Eltern, zur Klärung der nicht eingehaltenen Regel, zur Begründung der Regel, zum Besprechen der erlebten Gefühle und – unerlässlich! – zur Erklärung der Eltern, dass sie ihr Kind lieb haben, trotz aller Konflikte.

In manchen Situationen ist es hilfreich, einer grenzsetzenden Klartextäußerung ein sogenanntes »freies Intervall« folgen zu lassen. Sie geben dem Kind dadurch Zeit, sich mit der von Ihnen angesprochenen Regel oder der grenzsetzenden Äußerung auseinanderzusetzen.

***Beispiel:** Im Zimmer eines 6-jährigen Mädchens liegen Bausteine, Puppen und Kleider durcheinander auf dem Boden. Die Mutter kommt in das Zimmer und sagt zu dem Mädchen: »Dein Zimmer ist völlig durcheinander. Ich möchte, dass du die Bücher ins Regal und die Kleider in den Schrank räumst, damit wir dein Zimmer sauber machen können. Ich bin sicher, dass du das schaffst.« Die Mutter verlässt das Zimmer. Als sie nach zwei Stunden wiederkommt, hat das Mädchen die Bücher und die Kleider weggeräumt. Die Mutter ist begeistert und sagt freudig: »Das hast du aber toll gemacht. Ich helfe dir noch schnell bei den Bausteinen, und dann kann dein Zimmer wieder geputzt werden.« Das Mädchen hatte von seiner Mutter die Zeit bekommen, die es brauchte, die Aufforderung zu verarbeiten und zu akzeptieren, ohne dass die Mutter schon frühzeitig unnötigen Druck machte.*

Gewalt? Nie tatenlos bleiben!

Gewalttätigkeiten Ihrer Kinder dürfen Sie auch in diesem Lebensalter nicht akzeptieren (s. S. 99). Greifen Sie in solchen Situationen ein (z. B. durch Solidarisierung mit dem Opfer, s. S. 100). Bei Geschwisterstreit kann es – vor allem wenn es häufig zu diesen Streitigkeiten kommt – jedoch sein, dass zumindest eines der streitenden Geschwister mit dem provozierten Streit Ihre elterliche Aufmerksamkeit auf sich ziehen will. In einer solchen Situation kann es hilfreich sein, wenn Eltern sich aus einer solchen Streitigkeit heraushalten. Sie könnten in einer solchen Situation z. B. nur sagen: »Ich bin sicher, dass ihr diesen Streit selbst lösen könnt« und sich dann eine »Eltern-Auszeit« nehmen, indem Sie den Raum verlassen.

Die besondere Situation: Geschwisterstreit.

Dieses Vorgehen sollten Sie jedoch nur dann wählen, wenn keine Verletzungen des unterlegenen Kindes zu erwarten sind und wenn sich noch keine gewalttätige Verhaltensstörung eines Ihrer Kinder entwickelt hat (mit auffallender Brutalität und Fehlen von Hemmschwellen). Dann nämlich müssten Sie sich beratende Hilfe holen und sollten darüber nachdenken, warum es Ihre Kinder nötig haben, durch solche Streitigkeiten Ihre Aufmerksamkeit zu provozieren. Vielleicht braucht Ihr Kind mehr freundliche Zuwendung durch Sie in friedlichen Situationen des familiären Zusammenlebens (s. unten, S. 128: *Zuwendungszeit*).

Zusammenfassende Hinweise

Nehmen Sie Ihr Kind ernst, lachen Sie Ihr Kind nicht aus, vermeiden Sie Ironie. Nehmen Sie Fragen Ihres Kindes ernst und beantworten Sie sie ehrlich!

Nehmen Sie sich jeden Tag etwas Zeit für Ihr Kind. Während dieser »Zuwendungszeit« kann Ihr Kind bestimmen, was es mit

Ihnen gemeinsam machen möchte. Bieten Sie Ihrem Kind Nähe an, und suchen Sie das Gespräch mit Ihrem Kind.

Versuchen Sie auch weiterhin Werte wie Aufrichtigkeit, Einfühlungsvermögen und Verantwortungsbewusstsein vorzuleben. Geben Sie Ihre Fehler zu, und zeigen Sie dadurch Ihrem Kind, dass auch Sie noch jeden Tag Neues dazulernen können und dass auch Sie als Eltern nicht vollkommen sind.

Wird eine Grenzsetzung nötig, so versuchen Sie nach eindeutiger Kontaktaufnahme über Klartext (s. S. 96) und Ich-Botschaften (s. S. 77 und S. 89) gegebenenfalls mit logischen Konsequenzen (s. S. 97) und der Auszeit (s. S. 118 ff.) die Ihnen wichtige Regel durchzusetzen. Bleiben Sie standhaft und geben Sie in der Durchsetzung der für Sie wichtigen Grenzen nicht vorschnell auf. Bestrafungen durch Beschimpfungen und Schlagen sollten Sie unterlassen. Überzogene Bestrafungen, wie z. B. eine Woche Stubenarrest oder eine Woche Fernsehverbot, die inhaltlich meist nichts mit dem Vergehen zu tun haben, sollten Sie ebenfalls nicht anwenden. Durch derartige Strafen treiben Sie Ihr Kind möglicherweise zur Flucht aus dem Haus oder in die Gewalttätigkeit.

Greifen Sie die aufkeimende Leistungsbereitschaft Ihres Kindes auf und übertragen Sie Ihrem Kind nach Absprache mit diesem kleine Aufgaben für die Hausgemeinschaft (z. B. Tisch abräumen, Müll entsorgen o. ä.). Dadurch lernt Ihr Kind die Übernahme von Verantwortung und das Gefühl kennen, auch für den Familienalltag nützliche Hilfe leisten zu können. Diese Erfahrungen steigern das Selbstwertgefühl und vermindern dadurch die Anfälligkeit für eine aggressive Verhaltensstörung.

Bedenken Sie: Die Kleinkind- und Kindergartenzeit ist für die Erziehungsprozesse die wichtigste Zeit! Erzieherische Versäumnisse in dieser Lebensphase lassen sich nicht durch die Schule »beheben«. Daher sollten Sie als Eltern intensiv mit den Kindergärten, die somit auch eine große Verantwortung haben, zusammenarbeiten.

Die Grundschulzeit

In der Schulzeit wird Ihr Kind wieder ein Stück selbstständiger. Daher müssen Sie als Eltern lernen, Ihr Kind etwas mehr loszulassen. Überdenken Sie, ob bisherige Regeln noch gelten.

Was erlebt das Kind?

Selbstständig, aktiv, voller Neugier auf die Welt.

Das Bewegungsbedürfnis des Schulkindes ist groß. Die Bewegungen werden harmonischer, die Reaktionsschnelligkeit steigert sich. Kinder bewegen sich einfach aus Freude an der Bewegung. Bewegung ist für den wachsenden Organismus notwendig. Die Lust und Freude an der Bewegung ist wichtig für das seelische Wohlbefinden.

Revolutionäre Entwicklungen

In den ersten beiden Schuljahren überwindet das Kind allmählich das egozentrische Denken. Es empfindet sich immer weniger als Mittelpunkt der Wirklichkeit, nimmt mehr Anteil an seiner Wohnumwelt und an anderen Menschen. Gegen Ende der Grundschulzeit beginnt die Fähigkeit des abstrakten Denkens.

Auch das Gefühl für die Zeit wird für die Kinder klarer. Im zweiten Schuljahr sind die meisten Kinder in der Lage, die Uhr zu lernen. Überschaubare Zeiträume wie Wochen oder die Zeit bis zu den nächsten Ferien können im Laufe der Grundschulzeit sicher überblickt werden. Trotzdem kommt es immer wieder vor, dass im Grundschulalter selbst kürzere Zeiträume, z. B. Stunden, von den Kindern falsch eingeschätzt werden, vor allem dann, wenn sie durch Spiel abgelenkt sind.

Sprache und Denken.

Die wesentlichen Entwicklungsschritte im Bereich der Sprache werden in den ersten Lebensjahren vollzogen. Im Schulalter kann eine bis dahin unvollkommene und problematische Sprachentwicklung nur noch schwer ausgeglichen werden. Neben der Entwicklung der Denkfähigkeit entwickelt sich auch die Sprache zu immer komplizierteren Satzkonstruktionen. Ein Kind im neunten und zehnten Lebensjahr kann meist schon so erzählen, dass sich der Zuhörer die Gegebenheiten gut vorstellen kann, ohne dabei gewesen zu sein.

Die Klassengemeinschaft

Im achten Lebensjahr gibt es oft freundschaftliche Beziehungen zwischen Jungen und Mädchen. Zwischen dem neunten und zehnten Lebensjahr treten Jungen und Mädchen mehr in Distanz zueinander. In der Klassengruppe entwickeln sich nicht selten Rangordnungen. Zum Teil werden regelrechte Rangordnungskämpfe – wie im Tierreich – vor allem bei Jungen beobachtet. Vor allem körperliche Stärke bringt Ansehen. Benachteiligte Kinder versuchen nicht selten dadurch Aufmerksamkeit zu bekommen, dass sie den Klassenkasper spielen, angeben oder versuchen, Freunde mit Geld zu kaufen.

Rangstreitigkeiten gehören dazu.

Ein neues Verhältnis zu den Eltern

Im neunten und zehnten Lebensjahr erweitert sich das Interesse auch auf Dinge und Erlebnisse, die das Kind selbst noch nicht gesehen und erlebt hat. Fast zwangsläufig kommt es dabei meist zu einer inneren Distanzierung von den Eltern. Die Kinder betrachten ihre Eltern nun wesentlicher realistischer. Sie machen die Erfahrung, dass auch ihre Eltern unvollkommen sind. Die Kinder werden wieder ein Stück selbstständiger und lösen sich auch in ihrer gefühlsmäßigen Bindung etwas von ihren Eltern. Dieser Loslösungsschritt verläuft nicht selten mit Hilfe aggressiver Auseinandersetzungen, ähnlich wie in der Trotzphase. Auch in Bezug auf Zärtlichkeiten gegenüber ihren Eltern werden die Kinder zurückhaltender .

Mehr Abstand in jeder Hinsicht.

Beziehung und Erziehung im Grundschulalter

Loslassen und ansprechbar bleiben

Alles, was in den vorangegangenen Kapiteln erläutert wurde, gilt natürlich auch für dieses Lebensalter. Die elterliche Kunst besteht nun darin, wieder ein Stückchen mehr loszulassen, ohne das Kind aus den Augen zu verlieren. Diese Gefahr ist nun größer, da die Kinder viel mehr außer Haus sind. Sie besuchen die Schule, verabreden sich nachmittags mit Freundinnen und Freunden, und der Kontakt zu den Eltern vollzieht sich oft nur morgens, mittags und zu Abend.

Um so wichtiger ist es, dass Eltern in diesen Zeiten für das Kind ansprechbar sind. Wenn die Eltern auch in diesen kurzen Zeiträumen des Tages nicht für ihr Kind verfügbar sind, besteht immer die Gefahr, dass sie ihr Kind aus dem Auge verlieren. Manche dieser Kinder verwahrlosen und orientieren sich in ihren Kontakten zu Gleichaltrigen außerhalb des Elternhauses (s. *Unzureichende elterliche Aufsicht und Anleitung*, S.52 ff.). Um den Kontakt zu Ihrem Kind nicht zu verlieren, sollten Sie weiterhin versuchen, eine positive Familienatmosphäre zu schaffen.

Nehmen Sie weiterhin Ihr Kind ernst und versuchen Sie, seine Gefühle zu verstehen. Fragen Sie jeden Tag nach, was ihr Kind erlebt hat, was ihm Freude bereitet hat, was es wütend oder traurig gemacht hat, wie die Beziehung zu den Mitschülern war, was es vorhat, mit wem es spielen will und ob es Probleme während der Freizeitgestaltung hatte.

Es ist wichtig, das Kind nicht mit bohrenden Fragen in die Ecke zu drängen. Andererseits ist es genauso wichtig, sich als Eltern von einem »schnodderigen«, abweisenden Verhalten seiner Kinder nicht kränken zu lassen, sondern am Ball zu bleiben.

Die tägliche Zuwendungszeit

*E*in festes Ritual für viele Kinderjahre.

Eine bewährte Methode ist auch in diesem Lebensalter, wie schon in der Kindergartenzeit, die tägliche Zuwendungszeit (s. S. 123, Kast-Zahn 1997). Einmal am Tag setzen Sie sich mit Ihrem Kind gemütlich zusammen, vielleicht legt sich Ihr Kind, auch wenn es schon acht oder neun Jahre alt ist, liebevoll auf dem Sofa in Ihren Arm. Dann seien Sie einfach da für Ihr Kind. Das Kind darf entscheiden, was es in dieser Zeit, die jeden Tag vielleicht nur 15 oder 20 Minuten dauert, mit Ihnen unternimmt, ob es z. B. ein Spiel spielen oder einfach von seinen Erlebnissen oder seinen Empfindungen berichten möchte. Berichten auch Sie als Eltern über sich. Erzählen Sie bei dieser Gelegenheit von Ihren Alltagserlebnissen, von Ihren Sorgen, Ihren Freuden oder vielleicht auch kleine Geschichten aus Ihrer Kindheit. »Meckern« und Schimpfen sollten während der Zuwendungszeit vermieden werden.

Bitte nicht schimpfen, Vorwürfe machen und alte Kamellen auftischen!

Über diesen Weg können Sie den Kontakt zu Ihrem Kind aufrecht erhalten. Sie bleiben miteinander in Beziehung, auch wenn der Alltagsablauf nur noch wenig Zeit füreinander übrig lässt. Ihr Kind spürt, dass Sie es achten, dass Sie ein offenes Ohr und ein offenes Herz für seine Erlebnisse, Sorgen und Nöte haben, und es spürt, dass Sie mit Ihrer eigenen Offenheit mit gutem Beispiel vorangehen. Dadurch hat Ihr Kind es nicht nötig, durch unangenehmes Verhalten auf sich aufmerksam zu machen. Eine tägliche Zuwendungszeit sollten Sie jedem Ihrer Kinder einzeln anbieten.

Unbedingt zu empfehlen: Der Familienrat

In dieser Lebensphase müssen bisherige Familienregeln immer wieder überdacht werden, bisherige Grenzen müssen eventuell gelockert werden, damit das Kind nicht in seiner Entwicklung zur Autonomie und Eigenständigkeit behindert wird. Von Zeit zu Zeit müssen neue Regeln, Pflichten und Rechte jedes einzelnen Familienmitgliedes festgelegt werden.

Die Kindern wachsen aus vielen bisherigen Grenzen heraus.

Dazu hat es sich bewährt, regelmäßig Familienrat zu halten (Petermann 1994). Alle Familienmitglieder verabreden, sich einmal in der Woche zu einer gemeinsam festgelegten Zeit in Ruhe zusammenzusetzen und gemeinsam miteinander zu re-

129

Bilden Sie einen Familienrat!

den. Während einer solchen Sitzung des Familienrates darf alles gesagt werden, was den Einzelnen in der Familie bewegt. Probleme der Eltern mit ihren Kindern, Probleme der Kinder mit ihren Eltern, positive und negative Erlebnisse miteinander und auch außerhalb der Familie, all das muss Platz in der Sitzung des Familienrates haben. Es ist wichtig, dass alle Familienmitglieder als gleichberechtigt während einer solchen Sitzung akzeptiert werden. Vorwürfe, Beschimpfungen und Belehrungen haben in einer solchen Sitzung keinen Platz. Dort müssen auch Sorgen und Nöte zur Sprache gebracht werden. Regeln, die dazu beitragen, das gemeinsame Miteinander positiver zu gestalten, werden besprochen und gemeinsam verabredet. Alle Ideen und Vorschläge werden ernst genommen und von allen bedacht und diskutiert.

Ein Familienrat ist eine demokratische Einrichtung. Gerade deshalb sollte versucht werden, Entscheidungen im gemeinsamen Einvernehmen zu fällen. Mitunter können diese Entscheidungen erst nach langen und reiflichen Diskussionen gefällt werden. Eine solche gemeinsame Entscheidung ist viel besser als ein einfaches, nur scheinbar demokratisches Abstimmen.

Beispiel: *Ein 9-jähriger Junge lebt mit seiner Mutter und seinem Stiefvater in beengten Wohnverhältnissen. Beide Erwachsene sind berufstätig, gehen schon früh morgens aus dem Haus. Mittags essen der Junge und die Mutter gemeinsam, der Stiefvater kommt erst abends nach Hause. Die Familienstimmung ist belastet, beide Erwachsene sind oft gereizt und unausgeglichen. Nach dem Mittagessen muss der Junge seine Hausaufgaben machen und geht dann auf die Straße, um mit seinen Freunden zu spielen. Die Mutter weiß*

---

nicht genau, welche Kontakte er hat, und macht sich Sorgen. Um mehr Kontrolle über ihren Sohn zu haben, bestimmt sie, dass er immer um 18 Uhr nach Hause kommen muss. Maulend nimmt der Junge diese Entscheidung zur Kenntnis. Er kommt aber nie pünktlich nach Hause, meist erst um 19 oder 20 Uhr. Die Mutter ist jedesmal zornig und stellt den Jungen wütend zur Rede. Er behauptet jedesmal, er hätte vergessen, rechtzeitig nach Hause zu kommen. Die Mutter verhängt daraufhin Strafen wie Fernsehverbot, Stubenarrest und ähnliches, Strafen, die den Jungen ärgerlich machen und meistens nicht eingehalten wurden. Die Mutter ist verzweifelt.

In einer Erziehungsberatung wird die Familie mit dem Konzept einer Familienkonferenz bzw. eines Familienrates bekanntgemacht. Es wird klar, dass der Junge immer das Gefühl hat, in der Gruppe Wichtiges zu verpassen, wenn er so früh nach Hause kommen muss. Außerdem lernen die Eltern mit der Zeit verstehen, dass die schlechte Familienstimmung, das ständige Meckern und Schimpfen den Jungen zusätzlich regelrecht aus dem Haus treibt. Die Eltern lernen, dass der Junge nicht »böse« ist und sie ärgern will, sondern dass er aus mehreren Nöten heraus immer wieder vermeidet, früh nach Hause zu kommen.
Es werden für alle akzeptable Regelungen verabredet.
Nach dem gemeinsamen Mittagessen treffen sich Mutter und Sohn ab dann täglich zu einer kurzen Zuwendungszeit (s. S. 128 f.), in der Platz für ein offenes, wertungsfreies Gespräch ist. Auch Wärme und körperliche Nähe können sich zwischen Mutter und Sohn wieder entwickeln.
Die Stimmung bei beiden wird besser. Der Junge hat es nicht mehr nötig, Notlügen wie »Ich habe vergessen, pünktlich zu

Kein leichter Fall, und doch eine gute Lösung für alle.

> *kommen« zu benutzen. Er fühlt sich von seiner Mutter viel besser verstanden. Seine Mutter gewinnt ihrerseits wieder Vertrauen in ihren Sohn und kann ihn ein Stückchen besser loslassen, ihm mehr Freiraum gewähren, bleibt aber gleichzeitig über seine Freizeitaktivitäten und über seine Freunde informiert.*

Wenn Ihr Kind Schaden anrichtet

Ein Ladendiebstahl oder das Verprügeln eines Mitschülers ist kein Kinderstreich.

Hat Ihr Kind Schaden angerichtet, also z. B. etwas zerstört oder etwas gestohlen, hat es Ärger verursacht oder einem anderen Menschen Angst oder Schmerz zugefügt, so sollten Sie Ihr Kind – egal in welchem Alter – nicht mit vorwurfsvollen Warum-Fragen in die Ecke drängen. Dazu gehört z. B. die Frage »Warum hast du das kaputt gemacht?« Solche Fragen kann Ihr Kind oft gar nicht beantworten.

Versuchen Sie in einer solchen Situation lieber zu klären, wie eine problematische Situation abgelaufen ist, Sie könnten beispielsweise sagen: »Erzähl mir doch einmal, was da passiert ist.« Besprechen Sie außerdem, wie ein Schaden wieder gutgemacht werden kann. Hat Ihr Kind mutwillig etwas zerstört, so sollte es den Schaden mit seinem Geld oder seiner Arbeitskraft wieder beheben.

Auch hier: Im Gespräch bleiben ist alles.

Solche klärenden Gespräche sollten Sie in sachlichem Tonfall führen, ohne dass in Ihrer Stimme ständig eine genervte Vorwurfshaltung mitklingt. Sonst könnte sich Ihr Kind grundsätzlich abgelehnt fühlen. Sie müssen in diesen Gesprächen Ihrem Kind jedoch klar und eindeutig sagen, dass Sie sein Verhalten nicht billigen! Versuchen Sie aber auch zu verstehen, warum Ihr Kind solche gewalttätigen Handlungen unternahm. Holen Sie sich erziehungsberatende Hilfe, um die Hintergründe verstehen zu lernen. Vielleicht braucht Ihr Kind mehr

Aufmerksamkeit, mehr Erfolgserlebnisse, mehr Lob und Anerkennung, mehr Aufsicht und Anleitung oder ein anderes Vorbild.

Beispiel: *Zwei 11-jährige Jungen streunen nachmittags durch den Stadtteil, in dem sie wohnen. Sie haben die Idee, im nächsten Supermarkt Zigaretten zu klauen. Einer lenkt die Verkäuferin an der Kasse ab, während der andere schnell zwei Schachteln Zigaretten in seiner Jackentasche verschwinden lässt. Eine ältere Dame, die an der Kasse steht, sieht das und ruft dem Jungen zu, er solle die Zigaretten liegen lassen. Der Junge erschrickt und schubst die Dame zur Seite, um mit seiner Beute fliehen zu können. Die Dame stolpert und stürzt so unglücklich, dass sie sich einen Unterarm bricht. Die Verkäuferin alarmiert sofort die Polizei und den Krankenwagen. Die ältere Dame wird ins Krankenhaus transportiert. Die Polizeibeamten nehmen die Anzeige der Verkäuferin auf.*

Schon eine halbe Stunde später fallen den Beamten die beiden Jungen an einer Bushaltestelle auf. Die Polizisten sprechen die Jungen an, welche zunächst leugnen. Einer verplappert sich jedoch, sodass die Beamten die beschuldigten Jungen mitnehmen und im Supermarkt der Verkäuferin gegenüberstellen. Diese erkennt den Haupttäter. Der Junge gibt zu, die Zigaretten gestohlen und die alte Dame umgerissen zu haben. Das Geschäft hält die Anzeige aufrecht, und die Polizisten bringen den Jungen, der keine Reue zeigt, sondern sich eher aufsässig verhält, nach Hause. Nun, am frühen Abend, ist die Mutter des Jungen, die ganztags berufstätig ist, auch zu Hause und kann ihren Sohn von den Polizisten in Empfang nehmen.

*B*ei kriminellen Handlungen von Kindern ...

133

*... brauchen Sie
professionelle Hilfe.*

*Die Polizisten konfrontieren die allein erziehende Mutter
mit dem Sachverhalt und bieten der Mutter ein Gespräch an,
das sie auch annimmt. Das Amt für soziale Dienste (Jugendamt) wird eingeschaltet und nimmt sich schon am nächsten
Tag der Familie an. Die Sozialpädagogin führt mehrere
Gespräche mit Mutter und Sohn.
In diesen Gesprächen erfährt der Junge, dass seine Handlungen Konsequenzen haben. Er wird zur Wiedergutmachung verpflichtet. Die gestohlenen Zigaretten muss er dem
Geschäft von seinem Taschengeld ersetzen. Es wird ausge-
macht, dass der Junge von nun an wöchentlich fünf DM
Taschengeld erhält. Dafür muss er sich jedoch an kleinen
Aufgaben des gemeinsamen Haushaltes beteiligen. Diese
werden zwischen Mutter und Sohn im Sinne des Familienrates abgesprochen. Dadurch lernt der Junge, ein realis-
tischeres Verhältnis zu Geld zu entwickeln.
Zusätzlich wird er verpflichtet, in dem Supermarkt an mehreren Nachmittagen zu helfen. Außerdem kann der Junge in
einigen Gesprächen mit seiner Mutter und der Sozialpädagogin ein gewisses Einfühlungsvermögen in die verletzte Dame
entwickeln. Er entschuldigt sich bei ihr und wird verpflichtet,
bis zur vollständigen Heilung des Armbruches der alten
Dame zweimal pro Woche den Einkauf zu besorgen und
zusätzliche kleine Hilfestellungen zu leisten. Auch diese
Auflage wird von Jugendamt und Polizei kontrolliert.
Außerdem wird in Zusammenarbeit mit der Mutter vom Amt
für soziale Dienste eine Unterbringung in einer nahegelege-
nen Horteinrichtung organisiert. Der Junge kann dort unter
Anleitung am Nachmittag seine Hausaufgaben machen. Er
kann zusammen mit den anderen Kindern und der Erzieherin sowie dem Erzieher jeden Tag das Mittagessen selbst
zubereiten und gemeinsam die Mahlzeit einnehmen. Für*

> *den weiteren Nachmittag werden z. T. betreute, z. T. von*
> *den Kindern selbstständig durchführbare Freizeitaktivitäten*
> *angeboten (Sport, Werken, Malen, Musik-AG mit Band,*
> *Tischtennis, Lesen, soziale Hilfsdienste für ältere Mitmen-*
> *schen usw.).*
> *Die Mutter des Jungen lernt in vielen Gesprächen mit der*
> *Sozialpädagogin, dass ihr Sohn das Gefühl braucht, gern*
> *gehabt zu werden. Sie lernt, dass er jeden Tag das Gespräch*
> *im Arm der Mutter braucht.*

Vertuschen wäre das Verkehrteste

Die Polizei sollte so rasch wie möglich den Täter aufgreifen und mit dem Problemverhalten konfrontieren können. Dadurch spürt der Täter, dass sein delinquentes Verhalten unmittelbare Konsequenzen hat, der kurze zeitliche Zusammenhang zwischen Tat und Reaktion der Gesellschaft wird für ihn spürbar. Die Konsequenzen sollten in inhaltlichem Zusammenhang zur Tat stehen. Das heißt: Die »Bestrafung« besteht in der Einforderung von Wiedergutmachung (*Täter-Opfer-Ausgleich*). Der Schaden und die Mühe, diesen Schaden zu beheben, müssen für das Kind spürbar werden.

Schädigendes oder gewalttätiges Verhalten von Kindern muss konsequent verfolgt werden.

Der Umgang mit dem Kind sollte klar strukturiert sein und eine »wohlwollende Strenge« ausstrahlen. Das Kind muss sich dabei fair behandelt fühlen können. Um kurze Zeiten zwischen Straftat und »Bestrafung« zu gewährleisten, müsste auch in diesem Alter bei kleineren Delikten und eindeutiger Überführung des Täters die Polizei unmittelbar handeln können, ohne Zwischenschaltung der Gerichte, stattdessen gekoppelt mit einer sofortigen sozialpädagogischen Betreuung der Familie durch das Amt für soziale Dienste (Jugendamt).

Nehmen Sie professionelle Hilfe in Anspruch!

Alle Kinder, bei denen die Entwicklung dauerhafter Verhaltensprobleme droht, sollten die Möglichkeit haben, in der Freizeit sozialpädagogisch betreut zu werden, damit sie andere Vorbilder erleben und wichtige, dauerhaft verlässliche Beziehungen zu wohlwollenden Erwachsenen außerhalb des Elternhauses aufbauen können.

Eltern müssen täglich neu erfahren, wie es ihrem Kind geht, ob sich ihr Kind wohl fühlt oder eine gedrückte Stimmung hat. Sie müssen wissen, ob ihr Kind vielleicht sogar Opfer von Gewalt in Schule oder Freizeit wird, ob ihr Kind von anderen Kindern oder Jugendlichen bedroht, erpresst oder gequält wird.

Wichtig: Ihr Kind muss sagen können, wenn es leidet.

Beispiel: Ein 8-jähriger Junge fällt in seiner Klasse dadurch auf, dass er der Kleinste ist. Die anderen Mitschüler hänseln ihn, schubsen ihn herum und sperren ihn mehrfach in ein gegrabenes Erdloch. Sie bedrohen ihn massiv: Falls er diese Misshandlungen preisgäbe, würden sie ihm noch schlimmere Dinge antun. Die gedrückte Stimmung und die zunehmende Ängstlichkeit des Jungen fällt seiner Mutter rasch auf, aber auf ihr Nachfragen schweigt er nur. Eines Tages hat er jedoch solche Angst, dass er nicht weiter schweigen kann. Er erzählt seiner Mutter von seinem Leid, das ihm von einigen Mitschülern angetan wird. Die Eltern werden aktiv.

Die Lehrer werden informiert, es wird dieses Thema in der Klasse besprochen und den Tätern klar gesagt, dass dieses Schülermobbing nicht mehr hingenommen wird. Es folgen Gespräche mit Tätern und deren Eltern und auch mit Täter- und Opfereltern gemeinsam im Beisein der Lehrer (Olweus 1996). Der kleine Junge wird von seinen Eltern und den Lehrern ermutigt, zukünftig eventuellen Peinigern mit einem klaren, lauten »Nein! Du lässt mich in Ruhe!« eine Grenze zu

> *setzen und mit ausgestreckten Armen den Angreifer ent-*
> *schlossen zu Seite zu drängen (ohne selbst gewalttätig über-*
> *griffig zu werden), um sich dann umgehend dem nächsten*
> *Lehrer anzuvertrauen.*

Gewalt in der Schule

Lehrer müssen solche Beschwerden ernst nehmen, denn es ist wichtig, harmlose Rangeleien (»Spaßkloppe«, s. *Triebtheorie*, S. 30) von bedenklicher Schülergewalt zu unterscheiden. Tätern muss im Rahmen schulischer Anti-Gewalt-Programme klar gemacht werden, dass Gewalt nicht akzeptiert wird und die Opfer geschützt werden. Die Opfer müssen ermutigt werden, sich mit Worten und auch körperlich zu Wehr zu setzen, ohne selber gewalttätig auf den Angreifer einzuschlagen (siehe Beispiel oben). Das Erlernen einer Kampfsportart, die Körpergefühl und Selbstvertrauen vermittelt, aber auch Disziplin und Fairness verlangt wie z. B. Judo, kann sehr hilfreich sein. Die Kinder müssen aber auch ermutigt werden, sich Hilfe durch Erwachsene zu holen. Dieses hat nichts mit Petzen harmloser Vergehen zu tun, sondern ist ein grundlegendes Recht eines jeden Bedrohten. Das oben genannte Beispiel zeigt, wie wichtig Offenheit und Vertrauen zwischen Kindern und Eltern sind. Durch klares Eingreifen konnte das Opfer vor weiterer Qual bewahrt werden, sodass der Gequälte nicht in eigene Gewalttätigkeit getrieben wird.

Schulen brauchen heute »Anti-Gewalt-Programme«.

Zusammenfassende Hinweise

Probleme in der Familie können oft gut im Familienrat bewältigt werden, vorausgesetzt, alle Beteiligten sind an einer Lösung interessiert. Nehmen Sie kritische Einwände Ihrer Kinder ernst.

Nehmen Sie Kritik an Ihrem Kind, die von Erzieherinnen und Erziehern oder von Lehrerinnen und Lehrern geäußert wird, ernst. Verharmlosen Sie problematisches Verhalten Ihres Kindes nicht. Machen Sie diese Probleme zum Thema im Familienrat. Arbeiten Sie mit Kindergarten und Schule, Polizei und Amt für soziale Dienste (Jugendamt) zusammen.

Achten Sie auf Zeichen einer gestörten Wahrnehmungsentwicklung Ihres Kindes (s. *Woher kommen Aggressionen?*, S. 33 f.) in der Kindergarten- und Grundschulzeit. Derartige Zeichen können sein: Unruhe, Hyperaktivität, Konzentrationsschwierigkeiten, motorische Unsicherheit, Ängstlichkeit, fehlendes feinmotorisches Interesse am Malen, Basteln etc., Rechts-/Links-Unsicherheiten, Legasthenie, Rechenschwäche. Diese Zeichen müssen Sie frühzeitig ernst nehmen. Auch hier ist eine gute Zusammenarbeit mit Kindergarten, Schule und Kinderärztin oder Kinderarzt sehr wichtig, damit rechtzeitig Hilfe für Ihr Kind gefunden werden können (z. B. Heilpädagogik, Ergotherapie, psychomotorische Therapie, Logopädie, evtl. medikamentöse Maßnahmen). Dadurch können Erlebnisse des ständigen Versagens vermindert werden.

Natürlich müssen Kinder lernen, Frustrationen auch ohne aggressives Verhalten zu verarbeiten. Dabei können Sie Ihren Kindern als Eltern helfen, indem Sie Ihren Kindern täglich ein verständnisvolles Gespräch im liebevoll haltenden elterlichen Arm anbieten (s. *Zuwendungszeit*, S. 128 f.).

Auch für die weitere Entwicklungsphase Ihrer Kinder, die Pubertät, die durch viele einschneidende Veränderungsprozesse gekennzeichnet ist, gilt das bisher Gesagte. Bleiben Sie im täglichen Gespräch, vermitteln Sie auch weiterhin Regeln und Normen, aber lassen Sie zunehmend Freiräume, in denen Ihr Kind sein Leben erkunden kann. Denn dieser Entwicklungsabschnitt endet mit Loslösung und Verselbstständigung. Ihr Kind sollte jedoch als junger Erwachsener das Gefühl haben, bei Ihnen jederzeit ein willkommener, gern gesehener Gast zu sein (Rogge 1998).

Schutzfaktoren außerhalb der Familie

Die Probleme, die in Ihrer Familie auftreten, gibt es auch in anderen Familien. Ihre Erfahrungen können für andere Eltern hilfreich sein und wichtige Entwicklungen vorantreiben. Zusammenarbeit nützt allen Beteiligten – vor allem den Kindern.

*S*uchen Sie Gleich-
gesinnte!

Regen Sie in Ihrem Wohnort die Einrichtung eines »sozialen Tisches« an, an dem Teilnehmer aus Jugendamt, Kommunalverwaltung, Kindergärten, Schulen, Beratungsstellen, Kirche und Polizei zusammenarbeiten. Eine solche Einrichtung könnte verschiedene soziale Projekte ins Leben rufen, wie kommunale Jobvermittlungsprojekte, Familienpatenschaften, z. B. auch für ausländische Familien, Schüler- und Kindergartenbetreuung am Nachmittag oder Tagesgruppen, in denen Kinder und Jugendliche professionelle Betreuung erfahren.

Regen Sie in Ihrer Gemeinde oder Stadt eine Wohnungsbaupolitik an, die versucht, Ghettosituationen abzubauen, damit Kinder sozial bedürftiger deutscher und ausländischer Familien nicht mehr so häufig in engen Wohnungen mit nicht kindgerechtem Wohnumfeld leben müssen.

Sprechen Sie die Betreuungspersonen darauf an, ob in dem jeweiligen Kindergarten oder der jeweiligen Schule Anti-Gewalt-Programme (Smith 1994, Olweus 1996, Limmer 1997, Petermann 1997) durchgeführt werden. Derartige Programme sollten Standard an jedem Kindergarten und an jeder Schule sein.

*B*ilden Sie sich
fort!

Nehmen Sie an regelmäßigen Elternkursen zu den Themen Erziehung und Beziehung teil (Penthin 1998). Solche pädagogisch oder psychologisch geleiteten Gesprächskreise können eine wichtige begleitende Unterstützung für Sie sein. Wenn es in Ihrer Nähe keine solchen Gesprächskreise gibt, nehmen Sie Kontakt zur wohnortnahen Sozialstation, zur Kommunalverwaltung, zur Kirchengemeinde oder Familienbildungsstätte auf, um derartige Einrichtungen anzuregen. Für alle Eltern sehr empfehlenswert ist auch ein kompaktes, nur wenige Wochen dauerndes Elterntraining (s. auch unter Hilfreiche Adressen, S. 142), z. B. das in den letzten 20 Jahren in Australien entwickelte Triple-P-Elterntraining der positiven Erziehung (Sanders 2000).

Setzen Sie sich dafür ein, dass an den Schulen ein Fach wie *Medienerziehung*, in dem die Kinder lernen, sinnvoll mit Fernseher, Video und Computer umzugehen, eingerichtet wird. Setzen Sie sich dafür ein, dass in den Schulen ein Fach wie *Elternschaft lernen* (Limmer 1999) eingerichtet wird, in dem Kinder und Jugendliche lernen können, sich mit ihrer später vielleicht auf sie zukommenden Rolle als Eltern auseinanderzusetzen.

Setzen Sie sich ein!

Setzen Sie sich für die Einrichtung drogenfreier Jugendzentren, in denen Kindern und Jugendlichen viele soziale, ökologische oder künstlerische Aktivitäten angeboten werden, ein. Versuchen Sie, Ihr Kind zu motivieren, dass es Hobbys entwickelt, z. B. Musik, Sport, Jugendfeuerwehr, Theatergruppe, Ökoprojekte, soziale Hilfsprojekte u. ä. Mit einem solchen Hobby hat Ihr Kind außerhalb von Schule und Elternhaus etwas, wofür es sich begeistern kann. Das kann gerade in der Pubertät für Ihr Kind eine wichtige, Halt gebende Stütze sein. Besprechen Sie mit Ihrem Kind die Möglichkeit, ein freiwilliges soziales Jahr zu durchleben. Dadurch lassen sich Werte wie Einfühlungsvermögen, Hilfsbereitschaft und Verantwortungsbewusstsein festigen.

Und wenn Sie verzweifelt, ratlos und hilflos in Bezug auf sich selbst, auf Ihre Partnerschaft oder im Umgang mit Ihren Kindern sind, so müssen Sie sich Hilfe holen. Ebenso brauchen Sie und Ihr Kind Hilfe, wenn Ihr Kind schon eine gewalttätige Verhaltensstörung entwickelt hat. Hilfe erhalten Sie bei Erziehungsberatungsstellen, beim Amt für soziale Dienste (Jugendamt), bei Kinderärztin oder Kinderarzt, beim Kinderpsychiater oder Kinderpsychologen, beim Kinderschutzbund, beim Frauenhaus, bei Suchtberatungsstellen, bei der Polizei oder bei der Kirchengemeinde ihres Wohnortes.

Anhang

Hilfreiche Adressen

Hilfe für Kinder
Die Nummer gegen
Kummer
Tel. 0800/1110333

Hilfe für Eltern
Überregionale Träger von
Beratungsstellen, die ebenfalls wohnortnahe Beratungsangebote vermitteln
können (Auswahl)

Arbeiterwohlfahrt
Bundesverband e.V.
Oppelner Str. 130
53119 Bonn
Tel.0228/66850

Der Paritätische Wohlfahrtsverband Gesamtverband
Heinrich-Hoffmann-Str. 3
60528 Frankfurt a. M.
Tel. 069/67060

Deutsche Arbeitsgemeinschaft für Jugend- und Eheberatung
Neumarkter Str. 84c
81673 München
Tel. 089/4361091

Deutscher Caritasverband e. V.
Karlstr. 40
79104 Freiburg i. Br.
Tel. 0761/2001

Deutscher Kinderschutzbund
Schiffgraben 29
30159 Hannover
Tel. 0511/304850

Deutsches Rotes Kreuz
Friedrich-Ebert-Allee 71
53113 Bonn
Tel. 0228/5410

Diakonisches Werk
Hauptgeschäftsstelle
Stafflenbergstr. 76
70184 Stuttgart
Tel. 0711/21590

Österreichische Kinderfreunde
Rauhensteingasse 5
A-1010 Wien
Tel. 0043-512/129851

pro familia
Bundesverband
Stresemannstr. 3
60596 Frankfurt a. M.
Tel. 069/639002

Schweizerischer Kinderschutzbund
Brunnmattstr. 38
Postfach 344
CH-3000 Bern 14
Tel. 0041-31/3820233

Triple P – Elterntraining
PAG Institut für Psychologie
Hoyastr. 1a
48147 Münster
Tel. 0251/518941

Verband allein erziehender Mütter und Väter
Bundesverband e. V.
Beethovenallee 7
53173 Bonn
Tel. 0228/352995

Literatur

Braecker, S., Wirtz-Weinrich, W. (1994). Sexueller Missbrauch an Mädchen und Jungen. Weinheim: Beltz-Verlag

Bründel, H., Hurrelmann, K. (1997). Gewalt macht Schule. München: Knaur

Corwin, Donna G. (1999). Die Auszeit-Methode. Berlin: Urania-Ravensburger

Döpfner, M., Schürmann, S. u. a. (1997). Therapieprogramm für Kinder mit hyperkinetischem und oppositionellem Problemverhalten. Weinheim: Psychologie Verlags Union

Literatur

Dornes, M. (1994). Der kompetente Säugling. Frankfurt a. M.: Fischer Verlag

Dosick, W. (1998). Kinder brauchen Werte. München: Knaur

Dreikurs, R., Soltz,V. (1966). Kinder fordern uns heraus. Stuttgart: Klett

Geisler, D., Frey, J. (1996). Streiten gehört dazu, auch wenn man sich lieb hat. Ravensburg: Ravensburger Buchverlag

Gordon, T. (1999). Die neue Familienkonferenz. München: Heyne Verlag

Kast-Zahn, A., Morgenroth, H. (1995). Jedes Kind kann schlafen lernen. Ratingen: O. und P. Verlag

Kast-Zahn, A. (1997). Jedes Kind kann Regeln lernen. Ratingen: O. und P. Verlag

Limmer, C., Becker, D.u.a. (1997). 88 Impulse zur Gewaltprävention. Kiel: AKJS

Limmer, C., Heidenreich, H. (1999). Elternschaft lernen. Kiel: AKJS

Löw, H. (1999). Alle Kinder schlafen gern! Berlin: Urania-Ravensburger

Morris, D. (1992). Babywatching. München: Heyne- Verlag

Neuhaus, C. (5. Aufl. 1999). Das hyperaktive Kind und seine Probleme. Berlin: Urania-Ravensburger

Neuhaus, C. (2000). Hyperaktive Jugendliche und ihre Probleme. Berlin: Urania-Ravensburger

Olweus, D. (1996). Gewalt in der Schule. Bern: Verlag Hans Huber

Ostendorf, H. (1999). Vom Sinn und Zweck des Strafens. Informationen zur politischen Bildung. 248, 14–17

Penthin, R. (1998). Plädoyer für eine flächendeckende präventive »Erziehungs- und Beziehungsschulung« für Eltern. Der Kinderarzt 29, 1089–1090

Petermann, F., Petermann, U. (1994). Training mit aggressiven Kindern. Weinheim: Psychologie Verlags Union

Petermann, F., Jugert, G. u.a. (1997). Sozialtraining in der Schule. Weinheim: Psychologie Verlags Union

Prekop, J. (1994). Der kleine Tyrann. München: dtv

Rogge, J. (1998). Pubertät - Loslassen und Haltgeben. Reinbek: Rowohlt Verlag

Salisch, M. v. (1999). Psychische Entwicklung und Eltern-Kind-Beziehung im Grundschulalter. Päd. 5, 52–57

Salisch, M. v. (2000). Wenn Kinder sich ärgern. Göttingen u. a.:Hogrefe Verlag

Sanders, M. (2000). Positive Erziehung. Münster: Verlag für Psychotherapie

Schenk-Danzinger, L. (1993). Entwicklung, Sozialisation, Erziehung. Schul- und Jugendalter. Stuttgart: Klett-Cotta

Schenk- Danzinger, L. (1998). Entwicklung, Sozialisation, Erziehung. Von der Geburt bis zur Schulfähigkeit. Stuttgart: Klett-Cotta

Schmidt, M. H. (1998). Dissozialität und Aggressivität: Wissen, Handeln und Nichtwissen. Z. Kinder- Jugendpsychiat. 26, 53–62

Smith, A. (1994). Hauen ist doof. Mühlheim: Verlag a.d.Ruhr

Spallek, R. (1994). Mama, magst du mich? Bergatreute: Verlag W. Eppe

Stern, D. (1993). Tagebuch eines Babys. München: Piper

Stier, B. (1999). Media Matters. Kinder- und Jugendarzt. 30, 256–259

Teusen, G. (1999). Das Trotzalter. Berlin: Urania-Ravensburger

Thyen, U. (1987). Kindesmisshandlung und Vernachlässigung. Lübeck: Hansisches Verlagskontor

Zeltner, E. (1996). Kinder schlagen zurück. München: dtv

Register